Lektorat Burghard König

Unsere technisierte und automatisierte Arbeitswelt steht dem Bedürfnis nach ausreichender Bewegung und ungezwungener Kommunikation oft entgegen. Um so wichtiger ist für unser Leben der Sport geworden: als gezieltes Fitnessprogramm, als Freizeitgestaltung oder als gemeinschaftsförderndes Spiel.

Die *rororo Sportbücher* zeigen Wege auf, wie man allein oder in der Gruppe zu einer sinnvollen körperlichen Betätigung kommt. Sie informieren den Anfänger und geben Anleitungen für den Freizeitsportler, enthalten Lehr- und Übungsprogramme für den Fortgeschrittenen und stellen dem Lehrer methodisch wie didaktisch erprobte Unterrichtsmaterialien bereit.

Die in regelmäßiger Folge erscheinenden Bände runden sich zu einer in sich geschlossenen Sportbibliothek ab.

Schwimmen

Training
Technik
Taktik

Werner Freitag

Mit Bildreihen und Fotos von Horst Lichte

Rowohlt

Originalausgabe

Umschlagentwurf Werner Rebhuhn (Foto Joachim Baldauf)
Typographie Werner Rebhuhn/Layout Angelika Weinert
Veröffentlicht im Rowohlt Taschenbuch Verlag GmbH,
Reinbek bei Hamburg, Februar 1977
Copyright © 1977 Text und Abbildungen
by Rowohlt Taschenbuch Verlag GmbH, Reinbek bei Hamburg
Alle Rechte vorbehalten
Satz Times (Linotron 505 C)
Gesamtherstellung Clausen & Bosse, Leck
Printed in Germany
780-ISBN 3 499 17003 5

1.–15. Tausend Februar 1977
16.–23. Tausend Mai 1977
24.–30. Tausend November 1977
31.–40. Tausend Oktober 1978

Inhalt

Einleitung

Das vorliegende Buch behandelt alle Bereiche des Schwimmens. Ausgehend vom Anfängerschwimmen, zeigt es Wege auf zum Beherrschen aller vier Schwimmarten. Dabei werden Richtlinien gegeben für das Erlernen, Verbessern und Trainieren. Dies kann zwar anhand der aufgezeigten Methodik im Selbstunterricht erfolgen, doch der Lernerfolg ist größer in Zusammenarbeit mit einem Partner. Hier sind Bewegungsbeobachtungen mit gegenseitiger Korrektur möglich. Am einfachsten erlernt, verbessert und trainiert man jedoch Schwimmen im Gruppenunterricht – Schule, Verein, Schwimmkurs –, der meist von ausgebildeten Fachkräften geleitet wird. So sollen mit diesem Buch auch Übungsleitern, Trainern und Lehrern Hilfestellungen und Anregungen gegeben werden.

Ziel dieses Buches ist es, im Rahmen einer für jede Schwimmart ausführlichen und umfangreichen Methodik mit Bewegungsbeschreibung Informationen zu einzelnen Lernzielen zu geben, Fehler aufzuzeigen, ihre Folgen zu verdeutlichen und Fehler durch entsprechende Übungen abzustellen.

Die Gesamtmethodik ist so gegliedert, daß von einfachen zu schwereren Bewegungen übergeleitet wird, so daß mit zunehmendem Lernerfolg auch längere Strecken geschwommen werden können.

Es soll fundiertes Wissen für diese Sportart erworben werden, das jeden befähigt, sich ein eigenes Programm zusammenzustellen und nach seinen individuellen Möglichkeiten auch durchzuführen. Dabei fördert nicht das unreflektierte Nachvollziehen von aufgezeigten Methoden den Lernprozeß, sondern das Wissen um das Wie und Warum.

In den Technikteilen werden folgende *Abkürzungen* verwendet:
BL = Bauchlage
SL = Seitenlage
RL = Rückenlage
ÜLR = Überlaufrinne

Grundlagenwissen

Schwimmen, Wasserspringen, Wasserball, Synchronschwimmen, Tauchen und Rettungswesen zählen zum umfassenden Begriff ‹Schwimmsport›. In der Fachsparte ‹Schwimmen› sind die Schwimmarten Delphin-, Rücken-, Brust-, Kraul- und Freistilschwimmen zusammengefaßt. Lagenschwimmen und Lagenstaffel setzen sich aus diesen vier erstgenannten Schwimmarten zusammen, wobei das Freistilschwimmen nicht erlaubt ist (siehe auch Kap. *Regelkunde*, S. 179 f.).

Unter den Schwimmarten unterscheidet man *Wechselzug-* (Kraul, Rücken) von *Gleichzugschwimmarten* (Brust, Delphin).

Die *Ausrüstung* zum Schwimmen sollte nicht auf Badebekleidung, Handtuch und Bademütze beschränkt sein. An windstillen Sommertagen, in zugfreien Schwimmhallen, bei kurzen Badeaufenthalten, bei ungechlortem Wasser usw. mögen diese Utensilien ausreichen; bei ungünstigen Bedingungen drohen jedoch Erkältungen oder Augenreizungen. Chlorbrille, Bademantel, zweite Schwimmbekleidung sowie ein Nesselschwimmkissen für den Anfänger vervollständigen dann die Ausrüstung.

Die Badebekleidung sollte aus einer schnelltrocknenden Kunstfaser gefertigt sein. Diese liegt eng an und stört nicht beim Schwimmen. Die Bademütze – in den meisten Bädern aus hygienischen Gründen Pflicht – sollte fest am Kopf ansitzen, um nicht herunterzurutschen. Die Chlorbrille ist bei stark gechlortem oder mit Ozon angereichertem Wasser unerläßlich. Sie schützt vor unangenehmem Augenbrennen, das nur mit Augentropfen zu lindern ist. Die Augenmuscheln dieser Brille müssen mit Schaumgummi beschichtet und verstellbar sein, um sich dem Träger genau anzupassen.

Dringt beim Schwimmen leicht Wasser in die Ohren – etwa infolge perforierter Trommelfelle –, so behilft man sich mit *Ohrenwatte* oder -pfropfen.

Pilzinfektionen sind ansteckend und müssen behandelt werden; peinliche Sauberkeit im Schwimmbad und nach dem Schwimmen ist insofern sehr wichtig. In den meisten Bädern sind Sprühdüsen mit Fußdesinfektionsmitteln angebracht. Sie sollten nach jedem Schwimmen unbedingt benutzt werden. Badeschuhe können zur Vorsorge beitragen und schützen zudem vor Erkältungen.

In allen Schwimmbädern hängen wichtige *Baderegeln* aus, die besonders zu beachten sind.

Sollen für den Schwimmunterricht *Hilfsgeräte* angeschafft werden, so sind Schwimmflossen, Styroporschwimmbretter (sie gehen nicht entzwei), pull-buoys und Nesselkissen zu empfehlen. Für das Training empfehlen sich u. a. zusätzlich paddels, Schläuche und Zugseil.

Ist ein Urlaub an einem klaren Gewässer geplant, dann können *Schwimmflossen, Taucherbrille* und *Schnorchel* zu ersten erlebnisreichen Entdeckungen unter Wasser führen. Zu beachten ist beim Schwimmen in unbekannten Gewässern:

● schwimme nie allein,
● springe nie kopfwärts.

Vor dem ersten Schwimmen muß ein *Arzt* die Schwimmtauglichkeit überprüfen!

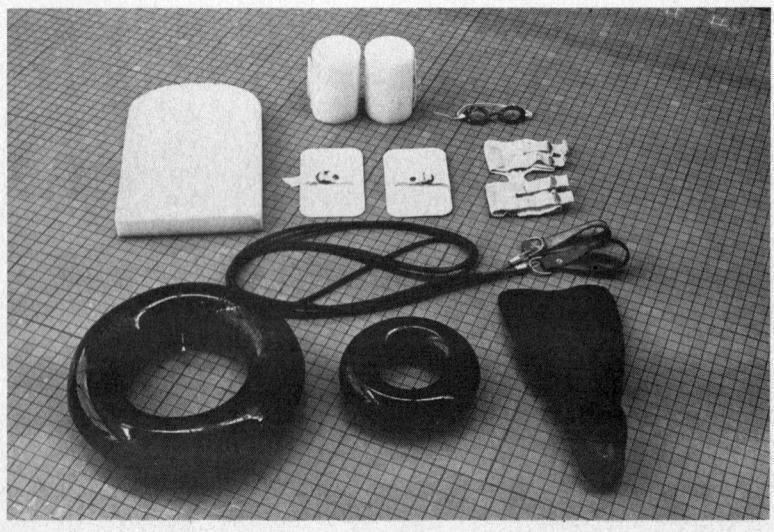

Technik

Vorbemerkungen

Der Teil «Technik» ist gegliedert in:
1. Anfängerschwimmen
2. Grobform der Schwimmarten
3. Verbesserung der Grobform durch Erlernen neuer technischer Elemente
4. Feinform der Schwimmarten

Interessierte jeden Alters können anhand dieser Einteilung die vier Schwimmarten sowie Starts und Wenden erlernen. Dabei können die angegebenen Übungseinheiten jeweils eine Unterrichts-/Übungsstunde ausmachen.

«Die Koordination der Arm- und Beinbewegungen in Verbindung mit der richtigen Atmung wird gefühlsmäßig – ganzheitlich sehr schnell erworben» [MÖCKELMANN (10)].[1] Die Schwimmfähigkeit mit Hilfe einer Schwimmart ist für den *Anfänger* wichtiger als das Beherrschen technischer Feinheiten.

Die ‹Grobform› basiert in erster Linie auf dem Erlernen von Armzügen (beim Kraul-, Rücken- und Delphinschwimmen); die Beine pendeln lediglich hinterher. Die Atmung soll nach Bedarf erfolgen, wobei jedoch der Atemzeitpunkt zu beachten ist. Die Arme werden mit hoher Frequenz bewegt, um ein frühes Absacken der Beine durch ausreichenden Vortrieb zu verhindern. Es werden anfangs lediglich Distanzen von

---

1 Die in runden Klammern stehenden Zahlen verweisen auf die Stelle im *Quellennachweis* (S. 184), die das Zitat indiziert.

6 bis 8 m geschwommen. Ausgangspunkt ist immer der Abstoß von der Beckenwand mit hoher Vortriebswirkung.

Die Motivation – schnelles Erreichen eines Lernzieles – spielt bei der Grobform eine wichtige Rolle. Sie läßt sich dann am leichtesten verwirklichen, wenn sich der Anfänger nach kurzer Distanz hinstellen oder an der Wand festhalten kann. Hüft- oder brusttiefes Wasser eignet sich am besten für das Erlernen.

Beim Brustschwimmen ist der Anteil des Beinschlages am Antrieb im Verhältnis zum Armzug – sowie in der Relation zum Beinschlag der anderen Schwimmarten – sehr groß (häufig über 50 Prozent). Deshalb empfiehlt es sich, zunächst den Beinschlag zu erlernen. Ziel der Grobform ist es, durch häufiges Wiederholen Distanzen bis maximal 25 m zurückzulegen. Erreichbar ist dieses Ziel für Kraul-, Rücken- und Delphinschwimmen in jeweils 2 bis 4 Stunden. Der Lernprozeß erfordert beim Brustschwimmen ein wenig mehr Zeitaufwand; längere Distanzen können mit dieser Schwimmart hingegen relativ leicht erreicht werden. Voraussetzung ist allerdings eine erfolgreich abgeschlossene Wassergewöhnung.

In allen Technikteilen sind die Bewegungen der Arme in Zug-, Druck- und Schwungphase gegliedert. Die *Zugphase* endet in Schulterhöhe, die *Druckphase* mit Verlassen des Wassers und die *Schwungphase* nach Eintauchen der Arme vor dem Körper. Beim Brustschwimmen wird die Schwungphase auch Vorbringphase genannt.

Die ‹*Verbesserung der Grobform*› beinhaltet differenzierte Bewegungen. Das Erlernen des Beinschlages, das bewußte und gezielte Einsetzen der Atmung, weitere technische Elemente des Armzuges sowie die Koordination aller neu erlernten Bewegungen werden hier behandelt. Spiele und Hilfsgeräte unterstützen den Lernprozeß, Fehler in den Schwimmarten werden reduziert. Gleichzeitig soll auf dieser Lernstufe ein stetiger Übergang zur Feinform gefunden werden. Jedem Schüler wird es möglich sein, innerhalb von kurzer Zeit eine Schwimmart mit verbesserter Technik zu erlernen.

Die ‹*Feinform*› der Schwimmarten setzt bereits ein gewisses Maß an regelmäßigem Üben voraus. Die technisch perfekte Bewegung wird allerdings nur durch langfristiges Training erreicht. In der Feinform werden die Erkenntnisse für die einzelnen Schwimmarten zusammengefaßt, die für ein schnelles Schwimmen unerläßlich sind. Der Schwimmstil entwickelt sich mit dem Erlernen der Schwimmarten und ist die persönliche Ausprägung der Technik.

Dieser sollte bei einem Leistungsschwimmer in der Feinform nur dann verändert werden, wenn, ohne daß grundlegende technische Mängel vorliegen, mit gezieltem Training keine Leistungsverbesserung zu erreichen ist.

Bei der Methodik – Wie lehre und lerne ich etwas? – müssen folgende Prinzipien beachtet werden:
1. vom Leichten zum Schweren,
2. von kurzen zu längeren Strecken,
3. von geringer Belastung zur Belastungssteigerung.

Die Frage, mit welcher Schwimmart begonnen werden soll, hängt von der Zielsetzung bzw. den Anforderungen ab. Schullehrpläne sehen häufig das Freischwimmerzeugnis vor. Die Schwimmart, mit der man sich nach kürzester Lernzeit am längsten über Wasser halten kann, ist das Brustschwimmen. DLRG und Wasserwacht vertreten in ihrer Ausbildung den Rettungsgedanken; auch hier führt der Weg in erster Linie über das Brustschwimmen. Kann das Schwimmen oder eine Schwimmart ohne Zeitdruck erlernt werden, dann empfiehlt sich zunächst das Kraulschwimmen.

Die Schwimmarten lassen sich am leichtesten partnerschaftlich oder in größeren Gruppen erlernen, wobei eine Trennung von Jungen und Mädchen im Schwimmunterricht völlig unnötig ist; denn es gibt keinerlei bewegungstechnische und geschlechtsspezifische Unterschiede, die sich auf die Methodik des Anfängerschwimmens auswirken könnten. Entscheidend sind vielmehr Übungsraum und -zeit.

Anfängerschwimmen

Aufgrund seiner mit Luft gefüllten Lungen ist der Mensch auch ohne
Bewegungen im Wasser ‹schwimmfähig›; lediglich die Art und Weise
der Fortbewegung wird erlernt. Die Anpassung der Sinnesorgane an
das Element Wasser erfolgt bereits im Fruchtwasser des Mutterleibes.
Die Wassergewöhnung ist gerade beim Erwachsenen wichtigstes Ziel,
das mit Hilfe spezieller Übungsformen erreicht wird. Ausgeprägte
Selbsterhaltungsreflexe führen sonst zu einer verkrampften und unna-
türlichen Lage des Körpers im Wasser.

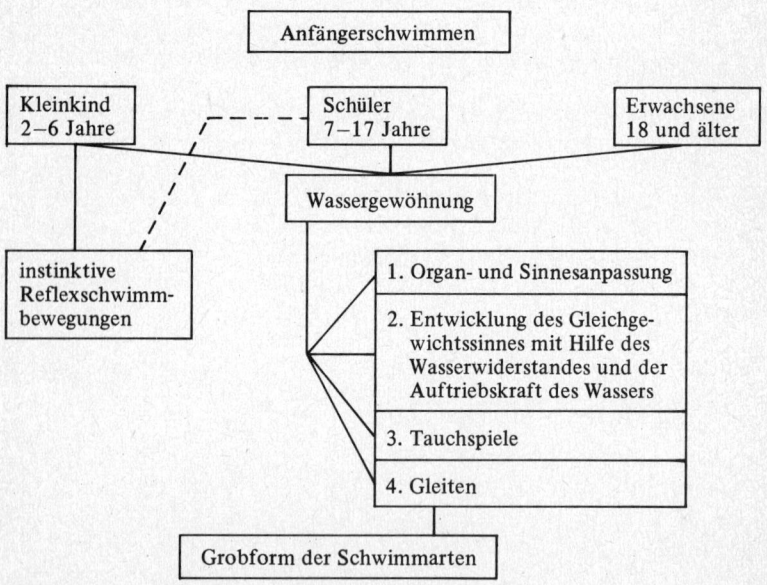

Für das Anfängerschwimmen empfehlen wir auf der Grundlage einer
empirischen Untersuchung [FINDEISEN (3)] folgende Schwerpunkte:
1. Der Vorschulschwimmunterricht sollte ab dem 4. Lebensjahr in
   kleinen Gruppen (2 bis 3 Kinder pro Lehrer) stattfinden. Er muß
   bewegungsbetont und abwechslungsreich sein und in spielerischer
   Form mit dem Element Wasser vertraut machen.
2. Im Schulschwimmunterricht ist das effektivste Lernalter das 7. bis 9.
   Lebensjahr.
Selbstverständlich läßt sich auch in jedem anderen Lebensalter das
Schwimmen erlernen, wobei Intensivkurse (z. B. täglich 30–45 Min.)
die Lernzeit erheblich verkürzen. Die Entlastung der Stütz- und Halte-

arbeit der Muskulatur sowie der relativ langsame Bewegungsablauf
ermöglichen im Wasser einfach zu kontrollierende Bewegungen.
Als Faustregel zur Wassertemperatur gilt:
● Je jünger der Schwimmschüler, desto höher muß die Wassertemperatur sein.
● Je niedriger die Wassertemperatur, desto kürzer und bewegungsin-
tensiver müssen die Schwimmstunden gestaltet werden, um Unter-
kühlungen und eine Abnahme der Lern- und Aufnahmebereitschaft
der Schüler zu vermeiden.
Erfolgversprechende Voraussetzungen für den Schwimmunterricht in
einem Hallenbad sind folgende Richtwerte:

Alter in Jahren	Wasser-tempe-ratur in Grad/Celsius	Wasser-aufent-halt in Minuten	Teilnehmerzahl pro Lehrer (Schüler ohne passive Schwimmhilfen)		
			Lehr-schwimm-becken	Tief-becken	Normal-becken (flacher Teil)
0,5 – 3	33	10 – 20	2	2	2
4 – 6	28 – 32	20 – 35	4 – 6	2	2
7 – 9	28	bis 45	8 – 15	2	4 – 6
10 – 17	28	bis 45	8 – 15	2	6 – 10
18 und älter	28	bis 45	8 – 15	2	6 – 10

Schwimmhilfsgeräte helfen dem Schwimmschüler, an der Wasseroberfläche zu bleiben. Sie können ihm Sicherheit geben und ihn zur Aktivi-
tät anleiten. Man unterscheidet aktive und passive Schwimmhilfen.
Flossen, Brett, Schwimmsprossen, Bälle usw. sind *aktive Schwimmhilfen*. Sie fordern durch ihre Beschaffenheit zur Bewegung, Richtungsänderung und Gleichgewichtssteuerung heraus.
Passive Schwimmhilfen sind zum Beispiel Schwimmreifen, -gürtel, -flü-
gel, Nesselschwimmkissen, Korkgürtel. Sie werden am Körper des An-
fängers befestigt und tragen ihn. Allerdings bringen sie den Schwimmschüler in eine Wasserlage, die nicht der natürlichen entspricht, und
provozieren geradezu das ‹Hängen› im Wasser. Das Nesselschwimmkissen ist von allen passiven Schwimmhilfen als einzige zu empfehlen.
Man sollte sie jedoch nur dann anwenden, wenn
1. mehrere Kinder von einer Lehrkraft unterrichtet werden und die
Kinder in dem Becken nicht sicher stehen können.
2. die Anfängergruppe sehr groß ist (z. B. eine Schulklasse).

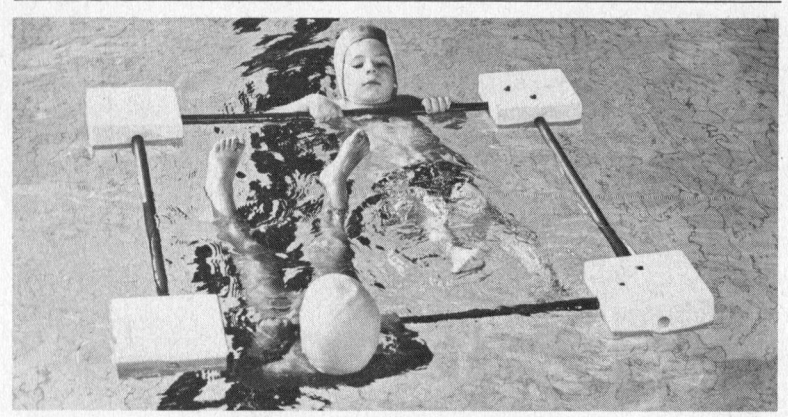

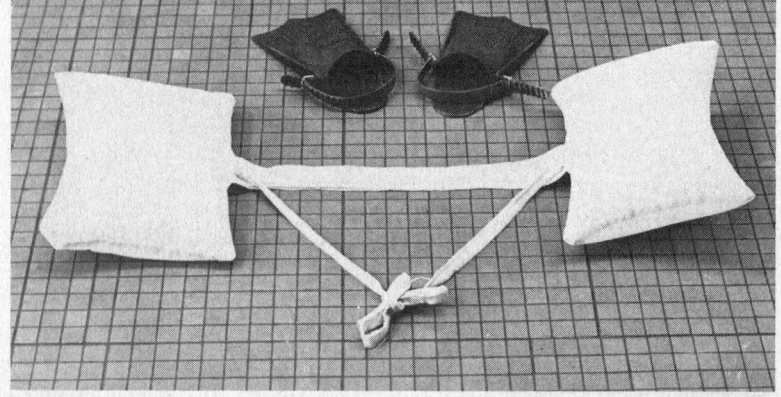

3. in einem Tiefbecken gelernt wird, in dem der Anfänger keine Mög-lichkeit hat zu stehen und somit kein Sicherheitsgefühl entwickelt.
4. Behinderte schwimmen (für sie gibt es spezifische Schwimmhilfen).
Eine Vielzahl von Möglichkeiten bietet sich für das Erlernen des Schwimmens an. Dabei stellt sich beim Anfängerunterricht die Frage: Wie erreiche ich in kürzester Zeit Sicherheit und Schwimmfähigkeit im Wasser? Um diese Ziele zu erreichen, ist es vorteilhaft
(a) im Lehrschwimmbecken und
(b) in Kleingruppen zu lernen.
Der Kursleiter gibt mit ausgewählten Übungen Hilfestellung, spielt, lenkt ab, geht auf momentan Interessantes ein oder verweilt an schwie-rigen Stationen.

Wassergewöhnung

1. Teilziel: Organ- und Sinnesanpassung
Für den Schwimmanfänger ist es sinnvoll, zunächst im häuslichen Be-reich, in der Badewanne, unter der Dusche oder im Waschbecken erste gezielte Schulungsversuche zu beginnen, wobei das Wasser frei von Seife und Badezusätzen sein muß.
Mund, Nase, Augen und Ohren werden bei körperwarmem Wasser an das Ein- und Untertauchen sowie an Spritzer gewöhnt.

1. Übungseinheit: Übungen zu Hause
Die Reihenfolge der Übungen kann beliebig vertauscht werden.
● Ausblasen ins Wasser, Löcher pusten, blubbern
● Ausblasen unter Wasser, wobei der Kopf vollständig unter Wasser sein soll
● Luft anhalten im Wasser, tauchen, langsam steigern auf mindestens 10 Sekunden
● Sehen unter Wasser, dabei die Augen erst nach dem Eintauchen öffnen
● Hören unter Wasser (Klopfgeräusche, Wasserrauschen, Händeklat-schen, eigene Blubbergeräusche)
Anschließend ca. 1 Min. abduschen mit ca. 20 bis 25°C, vor allem über Kopf und Gesicht, um sich an die kühlere Temperatur und die Wasser-spritzer zu gewöhnen.

2. Übungseinheit: Übungen im Lehrschwimmbecken oder in hüfttie-fem Wasser
● Wiederholung der Übungen aus der 1. Übungseinheit
● Spielen und heimisch werden an den Stufen des Lehrschwimmbek-kens (sitzen, stützen, hangeln, springen)

2. Teilziel: Entwicklung des Gleichgewichtssinnes durch den Wasserwiderstand und die Auftriebskraft des Wassers

Übungseinheit
- Wiederholung der 1. und 2. Übungseinheit des 1. Teilziels
- bewegungsintensives Spielen (Wettlauf, Fangspiele, Tauziehen, Ziehen eines Partners, hüpfen, am Beckenrand entlanghangeln)
- an den Treppen und der Überlaufrinne Stützschweben in Brust- und Rückenlage mit beliebigem Beinschlag; der Kopf soll dabei ebenfalls eintauchen
- Fußsprünge vom Beckenrand in brusttiefes Wasser
- Toter Mann in Brust- und Rückenlage
- Kauerqualle

3. Teilziel: Tauchspiele
Tauchspiele führen zu einer bewußten Atmung und dem Öffnen der Augen unter Wasser.

Übungseinheit
- untertauche eine Schwimmsprosse
- Wechseltauchen mit Partner (Sicherheitsgefühl)
- hochspringen und tauchen zum Beckenboden
- hole einen Tauchring o. ä. vom Beckenboden
- Fingerzeigen unter Wasser, zähle die vom Partner gezeigten Finger
- Sprung vom Beckenrand oder von einer Leiter

4. Teilziel: Gleiten
Das Gleiten vermittelt dem Anfänger das erste dynamische Schwimm-
erlebnis. Gleitgeschwindigkeit und Auftriebswirkung des Wassers (dy-
namischer Auftrieb) halten den gestreckten Körper waagerecht. Der
Abstoß erfolgt von der Treppe im Lehrschwimmbecken, von der Bek-
kenwand oder dem -boden. Es verlangt vom Anfänger viel Mut, sich
ohne zusätzliches Hilfsmittel ins Wasser zu begeben; das Gleiten ist als
erster gezielter Schritt zum Erlernen des Schwimmens überhaupt anzusehen.

Übungseinheit
● Gleitübungen, ziehen, schieben, selbständiger Abstoß von der Treppe oder Wand in Brust- und Rückenlage

Kleinkinderschwimmen

Von Natur aus führt jeder Mensch im Wasser «instinktive Reflexschwimmbewegungen» (nach BAUERMEISTER) durch. Diese ergeben
eine Fortbewegungsart, die im Armzug dem ‹Hundepaddeln› und dem
Brustschwimmen, im Beinschlag dem Kraulschwimmen ähneln. Solche
Bewegungen stellen eine Fortsetzung des Krabbelns im Kleinstkindal-
ter dar. Die Atmung erfolgt nach vorn über eine starke Nackenhaltung
des Kopfes.
Die Reflexschwimmbewegungen müssen beim Kleinst- und Kleinkind
gefördert werden, damit bei eventuellem Kontakt mit tieferem Wasser
ein gewisser Selbstschutz vorhanden ist.
Bei Kleinkindern mit besonders guter Wassergewöhnung kann man ein
‹Tauchschwimmen› beobachten, bei dem das Kind nur zum Atemholen
an die Wasseroberfläche kommt. Die restliche Zeit bewegt es sich völlig
entspannt, spielend und entdeckend mit geöffneten Augen unter Wasser. Wenn ein Kind ‹tauch›-schwimmt, ist der Beweis für eine erfolgrei-
che Arbeit während der Wassergewöhnung angetreten.

Übungseinheit
- alle Übungen der Wassergewöhnung spielerisch in der Badewanne
  anbieten (körperwarmes Wasser)
- zur Vorbereitung aus dem Lehrschwimmbecken ab und zu kühl
  (20–25°C) duschen
- bereits erlernte Wassergewöhnungsübungen im Lehrschwimmbek-
  ken oder Tiefbecken mit Helfer wiederholen
- Sprung ins Wasser (selbständiges Auftauchen?)
- Sprung, nach dem Auftauchen zurückschwimmen
- Sprung vom 1-m-Brett und allein zurückschwimmen
- Schwimmen über eine Schwimmbeckenecke

Rechts oben: ‹Hundepaddeln›
Rechts Mitte: Reflexschwimmbewegungen
Rechts unten: ‹Tauchschwimmen›

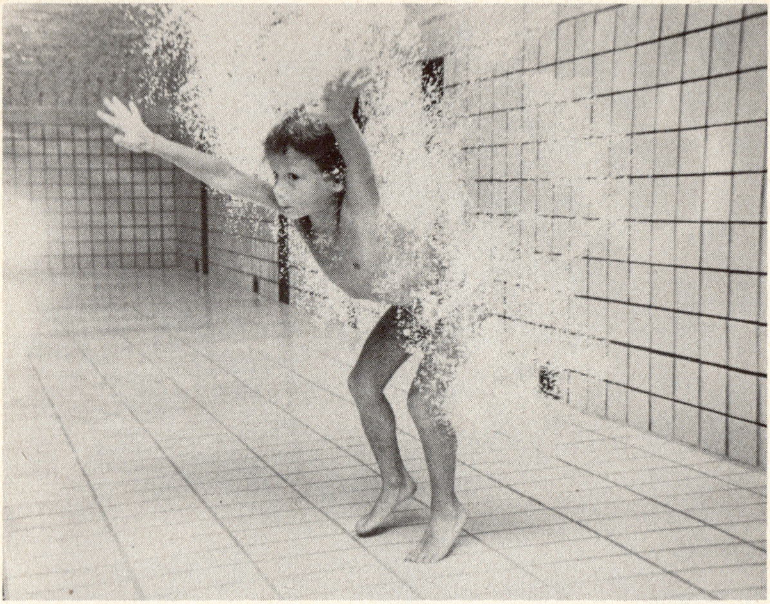

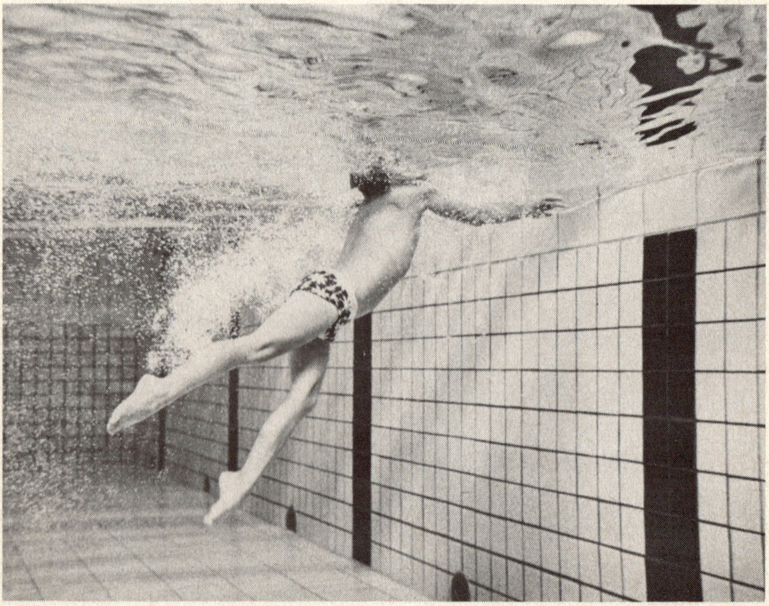

Die vier Schwimmarten in der Grobform

Brustschwimmen

Die Technik des Brustschwimmens (Gleichzugschwimmart) hat sich in den letzten Jahren erheblich gewandelt. Früher schwamm man mit weitem Armzug, weitem Beinschlag (Stoßgrätsche) und frühem Heben des Kopfes zum Atmen (zu Beginn der Zugphase). Armzug und Beinschlag wurden in der Folgezeit nicht mehr so weit ausgeführt. Es entwickelte sich die Schwunggrätsche in Verbindung mit dem engen Armzug und der Spätatmung. Man spricht heute einmal vom Brustschwimmen mit Stoßgrätsche, zum anderen vom Brustschwimmen mit Schwunggrätsche.

Da es für einen Anfänger leichter ist, mit weiten ausholenden Bewegungen zu schwimmen – es gibt ihm ein besseres Antriebsgefühl –, ist diese Art des Brustschwimmens das erste Lernziel. Es soll erreicht werden mit den Teilzielen:
1. Beinschlag
2. Armzug
3. Atmung
4. Koordination

Lernziel: Brustschwimmen mit Stoßgrätsche

1. Teilziel: Beinschlag (Stoßgrätsche)
Bewegungsbeschreibung
Die Stoßgrätsche wird in drei Phasen gegliedert:
1. beugen
2. strecken
3. schließen
Eine Ähnlichkeit mit der Bewegung des Frosches ist festzustellen.
1. *Beugen:* Beim Beugen der Beine werden die Fersen geschlossen zum Gesäß hin bewegt. Der Bewegungsimpuls geht vom Oberschenkel aus. Im Bereich Unterkörper–Oberschenkel entsteht ein Winkel. Dabei sind die Knie immer weit geöffnet.
2. *Strecken:* Das Strecken der Beine erfolgt schnell und kräftig nach hinten außen. Die Füße sind auswärts gedreht, die Fußspitzen zeigen zum Unterschenkel. So ist ein kräftiger Abdruck mit der Fußsohle (vom Wasser) möglich.
3. *Schließen:* Die gestreckten Beine werden geschlossen, wobei mit dem endgültigen Schließen auch die Füße wieder gestreckt sind. Dadurch entspannen die Beine, zum anderen erhöht sich die Gleitfä-

 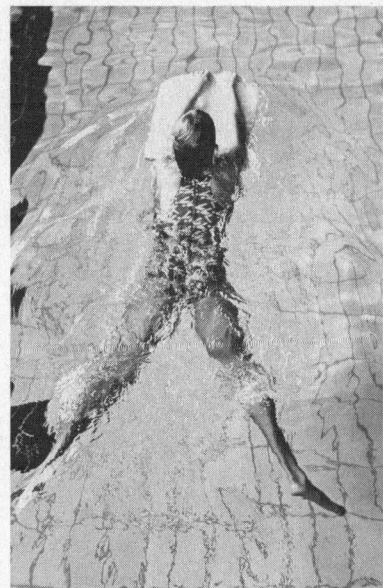

Beugen   Strecken

Schließen

higkeit durch geringeren Wasserwiderstand. Zeigen die Zehen zum
Beckenboden, so wirken diese bremsend.

Das Beugen des Beines bezeichnet man als rücktreibende Bewegung;
sie wirkt gegen die Schwimmrichtung. Das Strecken und Schließen der
Beine sind die antreibenden Bewegungen. Die Antriebsbewegung wird
schneller ausgeführt als die rücktreibende.

Übungseinheit: statische und dynamische Übungen zum Beinschlag
(Stoßgrätsche)

Aufgabe	Anweisung	Hinweis
1. Stoßgrätsche	bewege die Beine entsprechend der Bewegungsbeschreibung	eine Hand in der ÜLR[2], die andere stützt an der Wand mit den Fingerspitzen nach unten ab (siehe Foto)
2. Stoßgratsche, Partner führt die Beine	liege ausgestreckt im Wasser	hüfttiefes oder flacheres Wasser
3. Stoßgrätsche mit Brett	stoße kräftig nach hinten außen	lege Hände auf das Schwimmbrett
4. Stoßgrätsche	stoße in BL von der Wand ab, strecke die Arme, schwimme mit Beinschlag so weit wie möglich	betone Phase 2 und 3, lasse das Gesicht im Wasser liegen
5. Stoßgrätsche in BL	lasse den Kopf so lange wie möglich unter Wasser an den gestreckten Armen; Partner zieht	Konzentration auf Beinschlag; nur in hüfttiefem Wasser
6. Stoßgrätsche	mitsprechen: beugen (lang), strecken, schließen (kurz)	denke an das Gleiten
7. Stoßgrätsche	Wer kommt mit den wenigsten Beinschlägen zur anderen Seite?	Bewegung soll ökonomisiert werden, gleiten lernen
8. Stoßgrätsche	Wer kommt mit den meisten Beinschlägen zur anderen Seite?	erhöhte Frequenz sorgt für häufigen erneuten Antrieb

2 Verzeichnis der verwendeten Abkürzungen siehe Seite 8.

Fehler	Folge	Korrektur
1. Fersen liegen beim Beugen nicht aneinander	ungleiches Anziehen bzw. Beugen	Partner führt die richtige Bewegung der Beine
2. Es werden nicht beide Knie beim Anziehen der Oberschenkel gleichmäßig nach außen bewegt	starke Schräglage der Hüfte und u. U. der Schultern, Scherenschlag (siehe Foto), kein regelgerechter Beinschlag	1. statische Übungen 2. Beinschlag von der Vortriebsaufgabe befreien (siehe Anm. 1)
3. Es zeigen nicht beide Fußspitzen nach außen, Fuß nicht ausgedreht	die Fußsohlen bieten dem Wasser ungleichen Widerstand	1. Wie ‹Charly Chaplin› gehen (auf den Fersen gehen, Fußspitzen weit nach außen) 2. Fußgymnastik 3. drücke das Knie beim Beugen bewußt nach außen (Anm. 2);
4. Knie beim Beugen geschlossen, Oberschenkel unter dem Bauch	hoher Frontalwiderstand, stark rücktreibende Bewegung, kaum Antrieb beim Strecken; Schließen der Beine nicht mehr möglich, da vorher nicht geöffnet	nimm beim Beugen der Beine die Knie weit auseinander (wie der Frosch)

Anmerkungen

1. Der Beinschlag läßt sich für einen Anfänger leichter erlernen, wenn er sich durch kräftigen Abstoß von der Wand/Beckenboden immer wieder genügend Vortrieb holt. Der Beinschlag wird konzentrierter ausgeführt.

2. Fußgymnastik wie Fußkreisen, Beugen und Strecken sowie Dehnen der Fußgelenke ist besonders wichtig.

   Durch die Anweisung, die Knie beim Beugen bewußt nach außen zu drücken, wird dem Anfänger ermöglicht, seine Fußspitzen leicht nach außen zu drehen.

falsch: Scherenschlag

2. Teilziel: Beinschlag und Atmung
Die Stoßgrätsche sollte jetzt mit einem bewußten Ein- und Ausatmen
geübt werden. Schwierigkeiten treten überwiegend beim Ausatmen
auf; es ist dann der entsprechende Teil der Wassergewöhnung zu wiederholen.

Übungseinheit: bewußte Atmung in Verbindung mit dem Beinschlag
(Stoßgrätsche)

Aufgabe	Anweisung	Hinweis
1. Stoßgrätsche (s. 1. Teilziel 1. Übung)	hebe den Mund aus dem Wasser – atme ein, lege Gesicht ins Wasser – atme aus	hebe den Kopf, wenn die Beine angezogen werden
2. Atmung und Stoß- grätsche	Partner zieht und kontrolliert	nur in hüfttiefem Was- ser möglich

Fehler	Folge	Korrektur
1. Mund wird nicht ins Wasser gelegt	unsicheres Schwimmen	1. Tauchübungen der Wassergewöhnung 2. Wiederholung von statischen Übungen
2. Es wird nicht ins Wasser ausgeatmet	unsicheres Schwim- men; man verschluckt sich leicht	lege das Gesicht ins Wasser und puste kräftig ins Wasser; erst richtig ausatmen, dann den Kopf heben

3. Teilziel: Armzug und Atmung
(zur Stoßgrätsche)
Bewegungsbeschreibung: Armzug
zum Brustschwimmen mit Stoßgrätsche
Der Körper liegt gestreckt in
Bauchlage im Wasser. Die Handflächen zeigen nach unten und liegen knapp unter der Wasseroberfläche.

Die Bewegung der Arme beginnt
mit einer gestreckten Auswärtsbewegung, wobei die Hände so gedreht werden, daß der Daumen
zum Beckenboden zeigt.

Dieser gestreckten Auswärtsbewegung der Arme folgt eine
Rückwärts–Abwärts–Einwärtsbewegung der Hände, denen Unterarm und Oberarm in gleicher Weise folgen. In Schulterhöhe kommen die Hände zusammen.

Die Arme werden unter Wasser
zur Streckung in die Ausgangsposition gebracht (Schwung-/Vor-
bringphase).

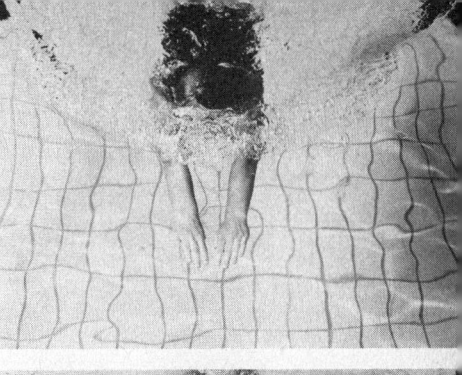

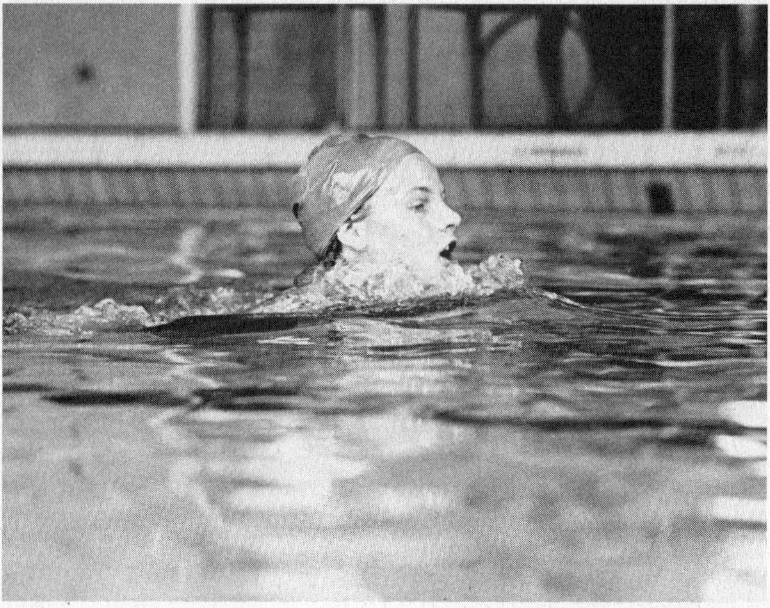

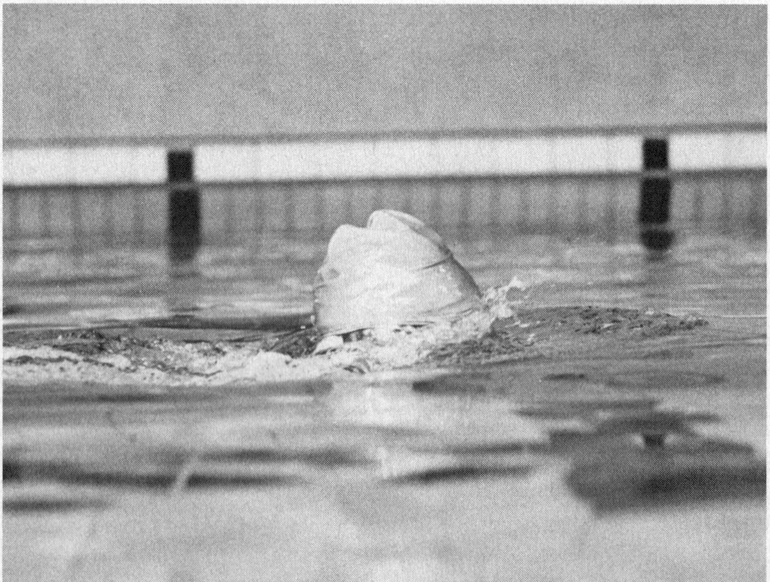

Der Zeitpunkt des Einatmens liegt bei dieser Technik zu Beginn der Zugphase (Frühatmung).
Mit Streckung der Arme wird der Kopf ins Wasser gelegt; es wird ausgeatmet, und der Körper erreicht seine optimale Gleitfähigkeit.

1. Übungseinheit: Armzug Brustschwimmen (zur Stoßgrätsche)

Aufgabe	Anweisung	Hinweis
1. Armzug	Oberkörper abbeugen, kreise mit den Händen von innen nach außen; vergrößere den Kreis, so daß schließlich der ganze Arm bewegt wird	Arme in Vorhalte
2. Armzug	beuge Oberkörper ab, mache den Armzug nach	
3. Armzug	Partner stellen sich gegenüber, dann wie Übung 1; nach Streckung immer die Fingerspitzen des Partners berühren	Oberkörper abbeugen
4. Armzug in BL über Beckenkante	liege bis zur Achselhöhle über dem Beckenrand, führe den Armzug aus	beobachte die Bewegung
5. Armzug	wie 2. Übung – jetzt im Wasser	hüfttiefes Wasser
6. Armzug	wie 5. Übung; versuche, durch Zug- und Druckphase aus dem Gleichgewicht zu kommen	hüfttiefes Wasser

Die gesamte 1. Übungseinheit darf auf gar keinen Fall aufrecht stehend durchgeführt werden, da der Armzug sonst nicht mehr mit der Lage des Oberkörpers im Wasser einhergeht.

2. und 3. Übungseinheit: Armzug und Atmung (zur Stoßgrätsche)

Aufgabe	Anweisung	Hinweis
1. Armzug; Partner hält die Füße	hebe den Kopf mit Beginn der Zugphase zum Einatmen	Füße müssen unter Wasser sein
2. Armzug	Abstoß von der Wand – gleiten – Armzug; hebe den Kopf mit Beginn der Zugphase	

Es ist wenig sinnvoll, den Armzug des Brustschwimmens methodisch stärker zu differenzieren, da es schwer möglich ist, Teilbereiche (Zug-, Druck- oder Schwung-/Vorbringphase) separat zu üben.

Fehler	Folge	Korrektur
die Auswärtsbewegung der Arme führt zu weit nach hinten	später schlechte Koordination von Armen und Beinen	• Armzug sollte vor den Schultern ausgeführt werden • wiederhole Übung 1.4.

4. Teilziel: Koordination Brustschwimmen mit Stoßgrätsche
Es ist nicht notwendig, die Koordination so lange hinauszuzögern, bis Beinschlag und Armzug automatisiert sind. Eintönigkeit wäre die Folge. Man sollte möglichst früh versuchen, die Einzelbewegungen zu koordinieren. Bei diesen Koordinationsversuchen greife man immer wieder auf bereits geübte Teilziele zurück.

Bewegungsbeschreibung
Die Schwimmbewegung beginnt
mit einem weiten Armzug. Mit Beginn des Armzuges wird der Kopf
zum Einatmen angehoben (Frühatmung).
Beim Einwärtsdrehen der Arme
werden die Beine gebeugt.
Die Arme strecken; gleichzeitig
wird das Gesicht ins Wasser gelegt
und ins Wasser ausgeatmet.
Der Beinschlag wird beendet, der
erzielte Vortrieb in einer Gleitphase ausgenutzt.
Liegt das Gesicht im Wasser und
ist der Körper völlig gestreckt,
dann kann man leichter gleiten und
sich besser entspannen. Die An-
triebskraft wirkt sich günstig auf
den Vortrieb aus. Die sogenannte
Gleitphase ist sowohl für schnelles
Schwimmen als auch für Schwimmen längerer Distanzen von Bedeutung.

Übungseinheit

Aufgabe	Anweisung	Hinweis
Brustschwimmen	zähle deine Züge (Bewegung nach Beschreibung)	betone das Gleiten; benötige anfangs wenig Züge

Fehler	Folge	Korrektur
Arme und Beine werden gleichzeitig bewegt	kaum Antrieb, da Vortriebswirkung der Arme durch Anziehen der Oberschenkel aufgehoben wird	Warte mit dem Bogen der Beine so lange, bis die Zugphase der Arme halb beendet ist

Zum Erlernen der Grobform zählt ferner das Erlernen von Startsprung und Wende. Auch hier bedienen wir uns leicht erlernbarer und einfacher Bewegungsformen, und zwar der hohen Drehwende oder der in ihrer Grundstruktur für alle Schwimmarten gleichen, allerdings etwas schwereren Seitfallwende sowie dem hohen Start.

Kraulschwimmen

Das Kraulschwimmen zählt zum Bereich der Wechselschwimmarten. Das ‹Hundeln› im Anfängerschwimmen ist bereits ein Vorläufer dieser Schwimmart. Seit einiger Zeit heißt das Kraulschwimmen in den Regelbestimmungen *Freistil*. Es ist die schnellste Schwimmart, wobei der wechselseitige Armzug und Beinschlag für fortlaufenden Antrieb sorgen.
An das Erlernen des Kraulschwimmens ist nur eine Vorbedingung geknüpft: Man darf keine Angst haben, den Kopf ins Wasser zu legen, die Augen unter Wasser zu öffnen und unter Wasser auszuatmen. Solange hier Schwierigkeiten auftreten, wird der Kraulschwimmer unsicher und unbeholfen sein. Im Rahmen von Übungen zur Wassergewöhnung müssen diese Fähigkeiten erlernt werden.

Bewegungsbeschreibung

Der Körper liegt in Bauchlage gestreckt im Wasser. Die Arme werden
mit möglichst hoher Frequenz wechselseitig unter und über Wasser
bewegt; sie können dabei gestreckt sein. Die Arme werden mühlkreis-
artig bewegt, unter Wasser bis zum Oberschenkel gezogen (Zug- und
Druckphase) und über Wasser nach vorn geschwungen (Schwungphase). Die Hand taucht in Schulterbreite weit vor dem Kopf ein. Durch
den wechselseitigen Armzug kommt es zu einer geringen Rotation im
Oberkörper, die automatisch einen ungewollten wechselseitigen Beinschlag zur Folge hat. Die Atmung erfolgt unregelmäßig zur Seite (Ausatmung ins Wasser – Einatmung über Wasser).

1. Übungseinheit

Aufgabe	Anweisung	Hinweis
1. Armzug im Stand	kreise die Arme wechselseitig	am Beckenrand; an Land
2. Armzug im Stand	Oberkörper abbeu-gen; halte ihn waage-recht	in hüfttiefem Wasser; kreise in regelmäßi-gem Rhythmus
3. Armzug auf kurzer Distanz	führe in Gleitlage schnelle Armkreisbe-wegungen durch	atme nicht, konzen-triere dich auf den Armzug
4. Armzug	versuche, die andere Beckenseite zu errei-chen	schwimme nur so lan-ge, wie die Beine nicht absacken

Beim Kraulschwimmen atmet man immer zur Seite. Der Kopf wird
gedreht nach der Anweisung: Lege ein Ohr ins Wasser und nehme das
andere heraus. Atme ein. Drehe das Gesicht wieder ins Wasser, atme
lang und intensiv aus.
Die Einatmung erfolgt zu der Seite, auf der der Arm in der Druckphase
ist. Man spricht dann von ‹offener Seite›.
Atme nur bei jedem zweiten Armzug!
Drehe nur den Kopf, nicht die Schulter!

2. *Übungseinheit:* Atmung zur Seite

Aufgabe	Anweisung	Hinweis
1. Ein- und Ausatmen	greife in ÜLR, stütze mit der anderen Hand an der Wand ab; drehe den Kopf – atme ein, lege das Gesicht ins Wasser zurück – atme aus, wechsle die Atemseite	halte dich gestreckt waagerecht im Wasser; atme zu der Seite, wo sich die Hand an der Wand abstützt, schaue zur Decke
2. Armzug mit Atmung	beuge Oberkörper ab; lege Gesicht ins Wasser, Armzug mit Ein- und Ausatmen	in hüfttiefem Wasser; gehe langsam vorwärts

3. *Übungseinheit:* Koordination

Aufgabe	Anweisung	Hinweis
Kraul: Grobform mit Atmung	schwimme eine kurze Strecke; atme immer auf derselben Seite ein	atme zuerst auf der ‹besseren› Seite

falsch: Ellenbogen zieht zuerst

Fehler	Folge	Korrektur
1. Arme in Schwung-phase seitlich flach über dem Wasser	Schlengerbewegung	bewege die Arme hoch über das Wasser nach vorn; Armkreisen wiederholen
2. Ellenbogen taucht zuerst ins Wasser	Bremswirkung, kein Vortrieb, Ellenbogen zieht zuerst (siehe Foto)	Hand muß zuerst ins Wasser eintauchen; Hand und Unterarm ziehen zuerst
3. Atmung nach vorn	Unterbrechung	wiederhole Atmung zur Seite

Merke: Vermeide Seitenlage und Hüftknick – halte den Körper gestreckt!

Rückenschwimmen

Das Rückenschwimmen ist in seinen Grundbewegungen eine Umkehr des Kraulschwimmens. Beide Schwimmarten können also in der Grobform parallel erlernt werden.

1. Teilziel: Rückenarmzug
Bewegungsbeschreibung
Der Körper liegt in Rückenlage gestreckt im Wasser. Der Kopf wird in Verlängerung der Wirbelsäule gerade gehalten. Die Arme kreisen gestreckt wechselseitig in schneller pausenloser Folge und erzeugen durch Ziehen unter Wasser den Vortrieb (Zug- und Druckphase).
Sie schwingen über Wasser nach vorn und tauchen gestreckt in Verlängerung der Körperlängsseite mit dem kleinen Finger zuerst ein. Ein- und Ausatmung sind beliebig.

Übungseinheit

Aufgabe	Anweisung	Hinweis
1. Armkreisen	kreise die Arme rhythmisch	Arme gestreckt lassen
2. Armzug im Gehen	rückwärts gehen und Arme kreisen; Oberkörper leicht nach hinten legen	in hüfttiefem Wasser; spüre den Widerstand an den Händen
3. Armzug nach Abstoß	stoße in RL von der Wand ab, kreise die Arme schnell, halte den Körper gestreckt	schwimme so lange, bis du in Gleitbootlage im Wasser liegst (siehe Anm.)

Anmerkung: Gleitbootlage – der Körper ist gestreckt, die Schultern liegen höher im Wasser als Hüfte und Füße.

Fehler	Folge	Korrektur
1. Arme tauchen weit seitwärts ein	geringer Vortrieb	Gymnastik zur Schulterbeweglichkeit; Trockenübungen wiederholen
2. Arme tauchen gebeugt hinter dem Kopf ein	Schlengerbewegung	halte Arme in der Schwungphase gestreckt
3. Hand zieht zum Po	geringer Vortrieb; ‹Herausklettern›	ziehe schräg zur Wasseroberfläche durch
4. Zug- und Druckphase an der Wasseroberfläche (siehe Foto S. 42)	Zickzack-Schwimmen	ziehe schräg zur Wasseroberfläche durch

Fehler	Folge	Korrektur
5. Hand klappt ab	geringer Widerstand	fixiere die Hand in der Unterwasserphase
6. kein Wechselzug	kein kontinuierlicher Antrieb	Trockenübung 1.1 wiederholen
7. Pause mit der Hand am Oberschenkel	unrhythmischer Armzug, langsames Schwimmen	• schneller Armzug über kurze Strecken • bewege den Arm ohne Pause wieder nach vorn

Beim Rückenschwimmen ist es notwendig, den Beinschlag zu erlernen, da Auftriebs- und Antriebsfunktionen der Beine hier bedeutender sind als beim Kraulschwimmen.

2. Teilziel: Rückenbeinschlag
Bewegungsbeschreibung
Aus der Hüfte heraus beginnen die Beine sich wechselseitig auf und ab
zu bewegen. Die Fußspitzen zeigen leicht nach innen. Der Fuß muß
locker gehalten werden, da sonst die Auftriebs- und Antriebswirkung
zu gering ist.

Übungseinheit

Aufgabe	Anweisung	Hinweis
1. Beinschlag an der Wand	bewege die Beine wechselseitig auf und ab, beginne die Bewegung in der Hüfte (RL)	halte die Arme in Schulterbreite vor dem Kopf gestreckt mit dem Handrücken nach oben in der ÜLR (siehe Foto S. 44)
2. Beinschlag nach Abstoß	lasse Beine lang; schlage schnell genug; halte den Körper gestreckt	Arme paddeln an der Körperseite mit
3. Beinschlag nach Abstoß	versuche, viel Wasser aufzuwirbeln	beobachte dieses Aufwirbeln
4. Beinschlag mit Flossen	schlage kräftig von unten nach oben	lasse Füße und Knie im Wasser
5. Beinschlag mit Flossen	ein Arm gestreckt vor dem Kopf; der andere Arm liegt am Oberschenkel; halte Körper gestreckt	unterstütze mit der Hand am Oberschenkel durch Paddelbewegungen
6. Beinschlag mit Flossen	halte beide Arme gestreckt vor dem Kopf (dadurch bessere Körperstreckung)	Hände müssen im Wasser sein, sonst sinkt der Körper ab; Gleitbootlage!

3. Teilziel: Koordination

Nach dem Erlernen des Beinschlags sollen folgende Hauptgesichtspunkte zur Koordination beachtet werden:

- hohe Frequenz der Armzüge
- Verbesserung der Körperhaltung
- Verbesserung der Wasserlage durch mehr Beinschläge
- Verlängerung der Schwimmstrecke

Fehler zur Wasserlage

Fehler	Folge	Korrektur
1. Kopf zu weit im Nacken	Hohlkreuzhaltung	halte den Kopf gerade in der Verlängerung der Wirbelsäule
2. Kopf zu hoch	Sitz im Wasser; Rundrücken	Beinschlag mit vor dem Kopf gestreckten Armen, verwende Flossen
3. Hohlkreuzhaltung	Schaukeln, unstabile Wasserlage	strecke den Körper; ziehe den Bauch ein
4. Sitz im Wasser (siehe Foto S. 45)	u. U. Radfahrbewegung, hoher Frontalwiderstand, geringer Vortrieb	Beinschlag mit Flossen; Arme und Körper strecken

Delphinschwimmen

Das Delphinschwimmen (Gleichzugschwimmart) scheint die am schwierigsten zu erlernende Schwimmart zu sein. Niemand wird in der Lage sein, ohne Vorkenntnisse innerhalb von 2 bis 4 Stunden technisch perfekt Delphin schwimmen zu können. Die Grobform kann man allerdings in dieser kurzen Zeit unter der Voraussetzung einer erfolgreich abgeschlossenen Wassergewöhnung lernen.

Das Delphinschwimmen bietet dann eine Fülle von Übungsvariationen, mit denen ein Schwimmbadbesuch aufgelockert werden kann.

Der Unterschied zwischen Delphin- und Kraulschwimmen besteht anfangs lediglich darin, daß die Arme gleichzeitig und nicht wechselseitig bewegt werden.

1. Teilziel: Spielerische Vorübungen zum Delphinschwimmen

Der Bezug der nachfolgenden Spiele zum Delphinschwimmen besteht darin, daß hierbei Grundelemente der Bewegung spielerisch geschult werden. Daran ist der gesamte Körper beteiligt. Leichte Hohlkreuzhaltung und Rundrücken wechseln sich ab; die Kopfsteuerung für die wellenförmige Bewegung wird geübt.

Diese Spiele gilt es häufig zu wiederholen. Gerade das Delphinspringen mit seinen Variationen (1. Übungseinheit) eignet sich gut zur Vorbereitung.

Übungseinheit: Delphinspringen

Aufgabe	Anweisung	Hinweis
1. Slalomtauchen in SL	schlängle in SL durch die ‹Slalomstangen›	Partner stehen im Abstand von 1–2 m als ‹Stangen›
2. Delphinspringen durch einen Reifen	springe kopfwärts durch einen Reifen; halte die Arme vor den Kopf	in hüft- bis brusttiefem Wasser
3. Delphinspringen durch einen Reifen	gehe in die tiefe Hokke, ohne den Reifen zu berühren; versuche, in den flüchtigen Handstand zu kommen	mit den Händen zum Auftauchen vom Boden abdrücken
4. Delphinspringen durch Reifen und Beine	springe durch den Reifen, tauche dem Partner durch die gegrätschten Beine	treibe zur Wasseroberfläche
5. mehrere Delphinsprünge hintereinander	immer aus der Hocke abstoßen; atme unter Wasser aus	beachte Kopfsteuerung
6. Delphinsprung als Wettkampf	Wer kommt mit Delphinsprüngen als erster zur anderen Beckenseite?	
7. Delphinsprung als Fangspiel	Jäger und Gejagte dürfen sich nur mit Delphinsprüngen vorwärts bewegen	

Erläuterungen zur Ausführung des
Delphinsprungs (Variationen)

- Die Arme werden gestreckt vor
  dem Kopf gehalten – die gesamte Wellenbewegung durch den
  Körper wird besonders deutlich.
- Die Arme werden an der Körperseite gehalten – hierbei wird
  besonders die Kopfsteuerung
  bei Ab- und Auftauchen beachtet.
- Die Arme werden in der kurzen
  Überwasserphase von hinten
  nach vorn geschwungen und
  sind beim Eintauchen gestreckt
  vor dem Kopf – Koordination
  von Beinimpuls, Armzug und
  Atmung wird geschult.

2. Teilziel: Grobform Delphinschwimmen
Durch hohe Zugfrequenzen und häufiges Wiederholen kurzer Strecken
erreicht man dieses Teilziel innerhalb kurzer Zeit.

Bewegungsbeschreibung
Der Körper liegt in Bauchlage im Wasser. Die Arme sind vor dem Kopf
gestreckt. Sie ziehen gleichzeitig entlang der Körperlängsseite bis zum
Oberschenkel (Zug-, Druckphase) und schwingen von dort im Bogen
über Wasser in die Ausgangsposition zurück (Schwungphase). Die
Bewegung der Arme und die Kopfsteuerung bewirken automatisch
eine wellenförmige Bewegung durch den gesamten Körper.
Zur Erleichterung der Schwungphase beschleunigen die Arme in der
Druckphase. Die Beine pendeln durch Auf- und Abbewegen des Oberkörpers unwillkürlich den Armen hinterher. Zum Einatmen nimmt
man den Mund nach vorn aus dem Wasser. Ein Seitwärtsdrehen des
Kopfes ist bei einer Gleichzugbewegung nicht angebracht, da es leicht
zu einer Schräglage im Wasser führt.

1. Übungseinheit: Grobform Delphinschwimmen

Aufgabe	Anweisung	Hinweis
1. gleichzeitiges Armkreisen	beuge Oberkörper ab, kreise die Arme gleichzeitig nah am Körper	1. Trockenübung 2. im Gehen, hüfttiefes Wasser
2. Armzug ohne Atmung nach Abstoß	stoße kräftig von der Wand ab, bewege die Arme wie bei Übung 1, halte die Beine locker nebeneinander	Gesicht im Wasser lassen, halte den Kopf gerade; nur so lange schwimmen, bis die Beine nicht absacken

2. Übungseinheit: Grobform Delphinschwimmen mit Atmung

Aufgabe	Anweisung	Hinweis
1. Armzug mit Atmung im Gehen	wie Übung 1.1; atme ein am Ende der Druckphase, lege das Gesicht wieder ins Wasser bei der Schwungphase	vorwärts gehen; atme kräftig aus; hüfttiefes Wasser
2. Grobform: Delphin mit Atmung	bewege die Arme schnell, die Beine pendeln nach; atme wie in Übung 1	Abstoß von der Wand

Fehler	Folge	Korrektur
1. Wechselbeinschlag	falsche Bewegung	halte die Unterschenkel mit Gummiringen zusammen
2. steiles Aufrichten des Oberkörpers in der Druckphase	Stillstand in der Bewegung	lasse das Gesicht im Wasser, nicht atmen

Verbesserung der Grobform der vier Schwimmarten

Brustschwimmen

Der 3. Teil *Technik* beinhaltet die Verbesserung der Grobformen durch das Erlernen neuer technischer Elemente.
Die Bildreihe von Seite 53 zeigt den Bewegungsablauf des Brustschwimmens. Darin ist die Bewegung der Unterschenkel als ein Beurteilungskriterium für die Schwunggrätsche zu sehen. Es bleibt in der Feinform dem Stil des Schwimmers überlassen, wie eng oder wie weit er diese Beinbewegung ausführt (siehe Kap. *Physiologie*, S. 161 ff.).

Unterschiede zwischen Stoß- und Schwunggrätsche

	Stoßgrätsche	Schwunggrätsche
1. Phasen	3 (beugen, strecken, schließen)	2 (beugen, kreisen)
2. Abstand zwischen den Knien	über Schulterbreite	Schulterbreite
3. Einleitung des Beugens	durch Anziehen der Oberschenkel nach außen	durch Anziehen der Unterschenkel
4. Widerstand beim Beugen der Oberschenkel	groß	gering
5. Zugfrequenzen	niedrig	höher
6. Schlagfrequenzen	niedrig	höher
7. Atmung	Frühatmung	Spätatmung

1. Teilziel: Schwunggrätsche

Bewegungsbeschreibung
Der Körper liegt in Bauchlage völlig gestreckt im Wasser. Die Unterschenkel fallen so weit wie möglich zum Gesäß; dabei liegen die Fersen

aneinander. Der Abstand zwischen den Knien ist zu diesem Zeitpunkt maximal schulterbreit. Die Oberschenkel sinken etwas ab, da sonst die Füße aus dem Wasser kämen. So wird dem Wasser wenig Frontalwiderstand geboten (siehe Kap. *Atmung und physikalische Erläuterungen*, S. 166 f.).

Am Ende des Anziehens zeigen die Fußspitzen nach außen in Richtung Unterschenkel. Die Unterschenkel kreisen schnell und kraftvoll in die Ausgangsposition zurück. Die Beugung der Beine geschieht langsam, das Rückkreisen schnell.

1. Übungseinheit: Unterschenkelkreis
Diese Übungen veranschaulichen die Aufgabe der Unterschenkel. Der Unterschenkelkreis selbst ist *nur ein Teil* der Schwunggrätsche.

Aufgabe	Anweisung	Hinweis
1. Stand auf einem Bein, Unterschenkel kreisen	halte die Knie zusammen, kreise mit einem Unterschenkel	beachte Bewegungsbeschreibung
2. BL, Unterschenkelkreis	beachte Bewegungsbeschreibung	u. U. Handtuch unter den Bauch legen
3. Unterschenkelkreis in RL an der Beckenwand	festhalten an der ÜLR; nehme einen pull-buoy zwischen die Knie, kreise die Unterschenkel; Partner beobachtet die Bewegung	lasse Körper und Arme gestreckt; Partner verhindert Absacken durch Handunterstützung an Hüfte
4. wie Übung 3 in BL	Füße dürfen nicht aus dem Wasser kommen; verwende den pull-buoy nur kurzzeitig	eine Hand in ÜLR, die andere stützt ab; verwende u. U. einen kleinen pull-buoy
5. Unterschenkelkreis in BL und RL	bewege nur die Unterschenkel; Partner zieht an den Händen; liege gestreckt im Wasser	nur in hüfttiefem Wasser möglich; keine Hilfsmittel

2. *Übungseinheit:* Schwunggrätsche

Aufgabe	Anweisung	Hinweis
1. Schwunggrätsche in BL	Partner zieht an den Händen; wie Bewegungsbeschreibung	halte Kopf über Wasser; Körper ist gestreckt
2. Schwunggrätsche mit Brett (siehe Foto)	stoße von der Wand ab, ziehe langsam an, kreise schnell und kräftig	Gesicht über Wasser; Arme auf das Brett legen
3. Schwunggrätsche in RL	ziehe langsam an, kreise schnell und kräftig	Knie sollen im Wasser bleiben
4. Schwunggrätsche	1. schlage mit hoher Frequenz 2. schlage mit geringer Frequenz und betone das Gleiten	zähle die Beinschläge

2. Teilziel: Koordination Brustschwimmen mit Schwunggrätsche
und Spätatmung

Bewegungsbeschreibung
Der Körper liegt in Bauchlage gestreckt im Wasser. Die Arme beginnen zu ziehen. In der Druckphase der Arme beginnen die
Beine zu beugen.
Sie unterstützen beim Rückkreisen
das Vorbringen der Arme und wirken noch antreibend, wenn die Arme bereits gestreckt sind.
Der Kopf wird in der Druckphase
angehoben. Es wird eingeatmet.
Beim Vorbringen der Arme legt
man das Gesicht ins Wasser. Die
Ausatmung kann beginnen (siehe
Kap. *Atmung*, S. 166 f.).

Übungseinheit: Koordination Brustschwimmen und Atmung

Aufgabe	Anweisung	Hinweis
1. Armzug und Atmung im Stand	beuge den Oberkörper ab, ziehe mit den Armen, hebe den Kopf mit Beginn der Druckphase	in hüfttiefem Wasser üben
2. Koordination mit Atmung	siehe Bewegungsbeschreibung; betone besonders das Gleiten und Ausatmen	komme mit wenig Bewegungen zur anderen Beckenwand

Fehler	Folge	Korrektur
1. Knie beim Beugen über Schulterbreite	hoher Frontalwiderstand	siehe Bewegungsbeschreibung
2. Arme ziehen weit nach außen und hinten	Koordinationsschwierigkeiten	wiederhole Trockenübung über der Beckenkante, beobachte die Bewegung
3. Ellenbogen ziehen zuerst	geringer Antrieb	ziehe mit den Händen, kreise dann mit den Unterarmen
4. Handflächen liegen aneinander (‹Beten›)	spätes Wasserfassen in der Zugphase, geringer Vortrieb	Handflächen zeigen beim Vorbringen zum Beckenboden
5. Strecken der Arme nach vorn unten	Heben des Oberkörpers in der Streckung, hoher Frontalwiderstand	bewege die Hände beim Vorbringen nach oben zur Wasseroberfläche

Fehler	Folge	Korrektur
6. Schultern kommen weit aus dem Wasser	anschließendes tiefes Abtauchen	hebe zum Atmen nur den Kopf
7. beginnendes Beinebeugen in der Zugphase	rücktreibende Wirkung der Arme beim Vorbringen	beuge die Beine erst in der Druckphase
8. Kopfheben zu Beginn der Zugphase	Frühatmung	hebe den Kopf erst in der Druckphase

Kraulschwimmen

Im folgenden Lernziel wird der gebeugte Beinschlag erlernt. Er verbessert Auftrieb und Antrieb und wirkt stabilisierend.

1. Teilziel: gebeugter Kraul-Beinschlag
Bewegungsbeschreibung
Der Körper liegt gestreckt in Bauchlage. Aus der Ruhestellung beginnt die Bewegung aus der Hüfte heraus; der Oberschenkel bewegt dabei leicht abwärts.
Es kommt durch den Wasserwiderstand am Schienbein zu einer Beugung im Oberschenkel–Unterschenkelbereich.
Das Bein wird zum Umkehrpunkt (das ist der tiefste Punkt, an dem die Abwärtsbewegung in die Aufwärtsbewegung überleitet) hin gestreckt. Die Fußspitzen sind dabei leicht nach innen gedreht, die Füße werden locker gehalten.
Die Streckung des Beines bewirkt gleichzeitig eine Aufwärtsbewegung des Oberschenkels. Die gestreckte Aufwärtsbewegung zur Wasseroberfläche beginnt. Die Schlagweite (Amplitude) sollte bei maximal 30 cm liegen. Die Abwärtsbewegung entscheidet über die Wirkung von Auftrieb, Antrieb und Stabilisation (diese verhindert Bewegungen zur Seite) maßgeblich.

1. Übungseinheit

Aufgabe	Anweisung	Hinweis
1. Beinschlag im Stand	bewege ein Bein vor und zurück; halte dich mit einer Hand an der ÜLR fest	der Wasserwiderstand soll gespürt werden
2. Beinschlag an der Wand	in ÜLR festhalten, an der Wand abstützen; führe langsam den gebeugten Beinschlag aus	in die Bewegung einfühlen; gestreckte Arme; beachte Schlagweite
3. Beinschlag in BL	stoße mit den Händen rückwärts von der Wand ab; komme durch Beinschlag zurück	mehrmals wiederholen
4. Beinschlag mit Schwimmbrett	lege Hände auf das Schwimmbrett, stoße von der Wand ab; gebeugter Beinschlag	schwimme nur so lange, wie die Horizontale eingehalten werden kann
5. wie Übung 4, jedoch mit Schwimmbrett und Flossen (siehe Foto S. 58)	gebeugter Beinschlag; strecke die Beine nach hinten unten, komme mit den Füßen zur Wasseroberfläche zurück	Flossen ermöglichen bessere Konzentration auf den Beinschlag
6. Beinschlag ohne Hilfsmittel	gebeugter Beinschlag; schaue nach vorn unten	
7. Beinschlag mit Atmung	atme zur Seite; drehe nur den Kopf	lege einen Arm an den Oberschenkel, strecke den Gegenarm nach vorn

Lasse bei den Übungen 2 bis 6 das Gesicht im Wasser liegen!

2. *Übungseinheit:* spielerische Übungen zum Kraulbeinschlag

Der gebeugte Beinschlag wird durch Üben gefestigt. Erst danach sollten Spiele zum Kraulbeinschlag angeboten werden, da anderenfalls die
Bewegung verfälscht und Fehler geradezu gefördert werden können.

Aufgabe	Anweisung	Hinweise
1. Beinschlag gegen-einander mit Brett (siehe Foto S. 59)	auf Pfiff schnell und kräftig mit den Bei-nen schlagen; Partner fortschieben	Wer schiebt den Part-ner zuerst über die Markierung?
2. Beinschlag: Vor-dermann RL, ‹Schieber› BL	schiebe den Partner mittels Beinschlag fort	Welches Paar erreicht zuerst das Ziel?
3. Beinschläg durch Pfosten	stoße von der Wand ab, im Slalom durch die ‹Pfosten› schlän-geln	einige Schüler stehen im Abstand von 1 bis 2 m hintereinander

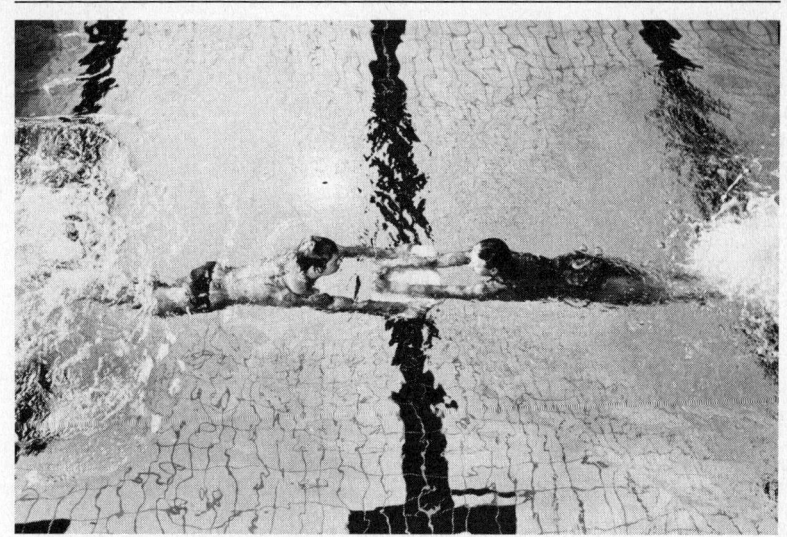

Fehler	Folge	Korrektur
1. ‹Radfahrbewegung›	geringer Vortrieb	schlage mit gestreckten Beinen
2. Po aus dem Wasser	tiefer Oberkörper, Behinderung der Atmung; ‹Radfahrbewegung›	Beinschlag mit Armen auf dem Brett; drücke die Hüfte nach unten, halte den Kopf über Wasser
3. Fußspitzen angezogen	geringe Auf- und Antriebswirkung	strecke die Füße, drehe sie nach innen
4. Unterschenkelschlag	geringer Antrieb; Füße weit über Wasser	beachte Bewegungsbeschreibung
5. Zappelbewegung der Beine	geringe Auf- und Antriebswirkung	langsame weite Bewegungen mit großer Schlagweite

Merke: Der gebeugte Beinschlag beginnt mit einer Abwärtsbewegung, dann folgt eine Aufwärtsbewegung
abwärts = gebeugt   aufwärts = gestreckt

2. Teilziel: Verbesserung der Schwungphase (Armzug)
Die gebeugte Schwungphase dient der Stabilisation der Wasserlage.

Bewegungsbeschreibung
Die Schwungphase wird durch das Herausheben des Ellenbogens am
Ende der Druckphase eingeleitet. Die Arme schwingen über Wasser
nach vorn; dabei werden sie locker und entspannt – im Ellenbogen
gebeugt – gehalten. Die Ellenbogen bilden in dieser Phase den höchsten
Punkt des Armes.
Die Fingerspitzen tauchen zuerst ins Wasser ein. Zum Ende der
Schwungphase wird der Arm im Wasser nach vorn gestreckt.

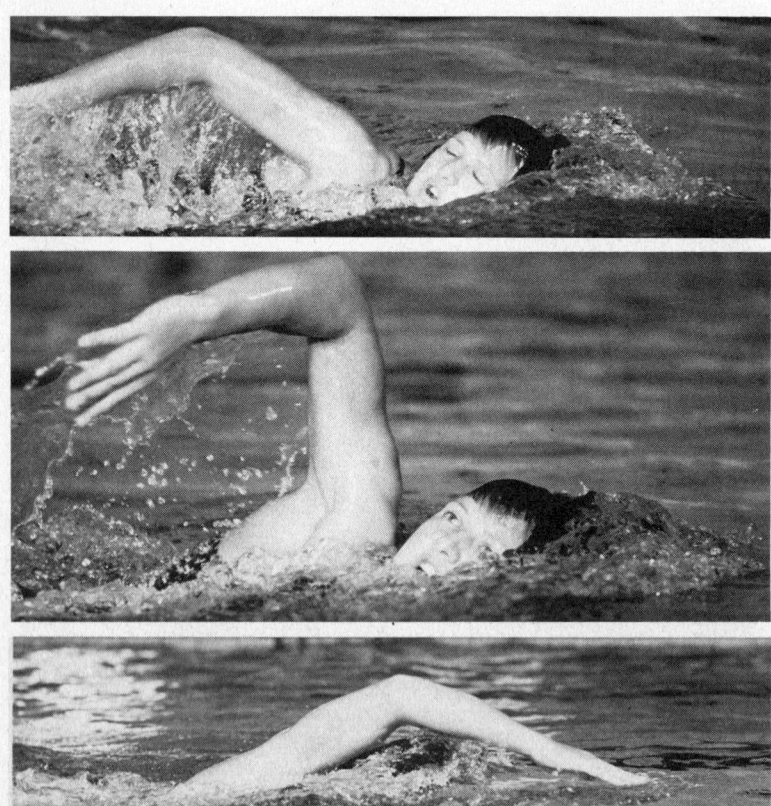

Übungseinheit

Aufgabe	Anweisung	Hinweis
1. Schulterkreisen	dehnen und lockern der Schulter (Armkreisen etc.)	am Beckenrand
2. Armzug gebeugt	beuge den Oberkörper ab (wie Bewegungsbeschreibung)	im Spiegel sich selbst beobachten
3. Daumen am Körper entlangziehen	ziehe vom Oberschenkel bis zur Achselhöhle den Daumen am Körper entlang; die Hand bleibt immer im Wasser, strekke den Arm im Wasser nach vorn	bewege pro Bahn nur einen Arm, der Gegenarm ruht vorn ausgestreckt; atme zur Seite (Anm. 1, 2)
4. Armzug mit hohem Ellenbogen	berühre mit der Hand Oberschenkel, Hüfte und Schulter, strecke im Wasser nach vorn	wechsle rhythmisch oder unrhythmisch die Zugseite, atme zur Zugseite (Anm. 1, 2)
5. Wechselzug (Anm. 3)	Armzug mit hohem Ellenbogen, atme nur zu einer Seite	unterstütze Beinschlag u. U. mit Flossen
6. ‹Hühnchenschwimmen›	Daumen in Achselhöhle festklemmen, nur mit den Ellenbogen kreisen	mit Flossen, Atmung zur Seite Wer schafft es zur anderen Seite?
7. Kraulschwimmen mit hohem Ellenbogen	Hand und Ellenbogen sollen in der Schwungphase die Wasseroberfläche nicht berühren und erst vor dem Körper eintauchen	

Anmerkungen
1. Übung 3 bis 6 sind lediglich hinführende Übungen zum Erlernen einer besseren Technik.
2. Übung 3 und 4 sollen anfangs nur mit einem Arm durchgeführt werden. Der Ruhearm dient als Stütze und wird ausgestreckt vor dem Kopf gehalten.
3. Übung 5: *Wechselzugschwimmen*
   Beispiel: Ziehe 3mal mit dem linken Arm, der rechte Arm dient als Stütze, atme zur linken Seite; ziehe 3mal mit dem rechten Arm, der linke dient als Stütze, atme zur rechten Seite. Dann den Zyklus von vorn beginnen. Bleibe in Bauchlage!

Fehler zur Schwungphase (Kraulschwimmen)
Hand und Ellenbogen sind dann zu weit vom Körper entfernt, wenn:
1. der Arm am Ende der Schwungphase bis über die Körpermitte hinaus bewegt wird.
2. die Hüfte hin und her schlengert.
3. die Beine nach außen pendeln.

Zur Korrektur siehe die Hinweise zur Bewegungsbeschreibung.

3. Teilziel: gebeugte Unterwasserphase (Kraulschwimmen)

Bewegungsbeschreibung
Die gebeugte Unterwasserphase ist eine geradlinig, von vorn bis zum Oberschenkel gehende Bewegung. Die gestreckte Hand zieht nach unten hinten, bis die Fingerspitzen zum Beckenboden zeigen. Dabei beugt der Arm langsam im Ellenbogen. In Schulterhöhe bilden Hand, Ellenbogen und Schulter ein Dreieck. Der Wasserwiderstand ist an diesem Punkt am stärksten, die Antriebswirkung am größten.

In der Druckphase wird der Arm zum Oberschenkel bewegt. Dort ist er fast gestreckt.

Die Schwungphase beginnt mit Heben des Ellenbogens. Die Fingerspitzen zeigen in der gesamten Unterwasserphase – wegen des dann größeren Widerstandes an der Handinnenseite – zum Beckenboden.

Übungseinheit

Aufgabe	Anweisung	Hinweis
1. Armzug im Gehen	beuge Oberkörper ab, ziehe unter Wasser geradlinig gebeugt	in hüfttiefem Wasser
2. Armzug in BL	(wie Bewegungsbeschreibung) halte die Beine gestreckt	Partner hält die Füße knapp unter der Wasseroberfläche und geht mit
3. Armzug nach Abstoß	gebeugter Armzug in der Unterwasserphase	Auftriebshilfe für die Beine (pull-buoy)
4. Wechselzug mit Flossen	beschleunige die Unterwasserphase bis zum Ende der Druckphase, atme zur Seite	bleibe in BL; drehe nur den Kopf, nicht die Schulter
5. Kraulschwimmen	Schwimme eine kurze Strecke mit der neuen Technik	unterstütze eventuell mit Flossen

4. Teilziel: Kraulschwimmen mit *S-Zug* (Variation zur gebeugten Unterwasserphase)
Beobachtet man einen Arm von oben, so erkennt man eine langgezogene S-förmige Bewegung in der Unterwasserphase. Diese Bewegung kennzeichnet einen längeren antriebswirkenden Weg in Zug- und Druckphase.

Bewegungsbeschreibung
Die Zugphase beginnt mit einer leichten Auswärtsbewegung der Hand und des gestreckten Armes. Der Daumen zeigt zum Beckenboden. Die Hand leitet die Abwärts–Einwärts–Rückwärtsbewegung ein. Dabei beugt der Arm im Ellenbogen. Die Einwärtsbewegung geht bis zur Körperlängsachse und trifft diese ungefähr in Schulterhöhe. Hand, Ellenbogen und Schulter bilden hier ein Dreieck. Der Arm wird zum

Oberschenkel hin fast gestreckt, und der Ellenbogen leitet die Schwungphase ein. Der Arm wird gebeugt nach vorn geschwungen.

Der ‹S-Zug› wird erlernt:
1. durch einarmiges Kraulschwimmen   (mit und ohne Atmung),
2. durch Wechselzugschwimmen   (mit und ohne Atmung),
3. durch Einsatz von Flossen in der Gesamtbewegung,
4. in der Gesamtbewegung mit Atmung.

Fehler zum gebeugten Armzug und ‹S-Zug› beim Kraulschwimmen

Fehler	Folge	Korrektur
1. Hand geht über die Körpermitte	starkes Rollen und Schlengern	korrigiere die Bewegung im Gehen in hüfttiefem Wasser; beobachte die Bewegung
2. weite Ausformung des ‹S›	Zickzack-Schwimmen	wie Korrektur zum 1. Fehler
3. Ellenbogen zieht zuerst	geringer Antrieb	ziehe zuerst mit der Hand und dem Unterarm

Rückenschwimmen

1. Teilziel: gebeugter Beinschlag (Rückenschwimmen)

Bewegungsbeschreibung
Die Beine werden wechselseitig auf und ab bewegt. Aus der Ruhestellung an der Wasseroberfläche erfolgt zuerst die Abwärtsbewegung des gestreckten Beines bis zum Umkehrpunkt. Der Oberschenkel leitet die Aufwärtsbewegung ein. Das Bein wird im Kniegelenk u. a. durch den am Schienbein wirkenden Wasserwiderstand gebeugt. Ist das Knie ungefähr in Hüfthöhe, schlägt der Unterschenkel kräftig zur Wasseroberfläche. Der Fuß ist dabei gestreckt, die Fußspitzen zeigen leicht nach innen. Der Aufwärtsschlag wird besonders betont; denn er verbessert Auftrieb und Antrieb und wirkt stabilisierend.

Übungseinheit: gebeugter Rückenbeinschlag

Aufgabe	Anweisung	Hinweis
1. Beinschlag mit Flossen	halte die Arme an der Seite, bewege die Beine langsam kontrolliert auf und ab	Knie dürfen nicht aus dem Wasser kommen; Gleitbootlage
2. Beinschlag mit Flossen	Arme gestreckt vor den Kopf legen	halte den Körper gestreckt
3. Beinschlag	halte die Arme an der Seite, unterstütze das Handpaddeln	halte den Körper gestreckt
4. Beinschlag	Arme gestreckt vor den Kopf legen	schlage mit höherer Frequenz
5. Rückenschwimmen	schlage mit gebeugten Beinen	beachte Körperstreckung und Kopfhaltung; betone den Armzug

2. Teilziel: Koordination Rückenschwimmen mit gebeugtem Beinschlag, gebeugtem Armzug und Atmung

Bewegungsbeschreibung: gebeugter Armzug und Atmung (Rücken)
Die Arme werden in der Unterwasserphase gebeugt bewegt. Sie sind jedoch vom Ende der Druckphase bis zum Anfang der Zugphase gestreckt. Durch diesen gebeugten Armzug ist ein besserer Krafteinsatz möglich. Die Bewegungsgeschwindigkeit des Armzuges wird in der gesamten Unterwasserphase ständig erhöht. Die Ein- und Ausatmung beim Rückenschwimmen ist auf einen Arm zu koordinieren.
Die Einatmung erfolgt in der Schwungphase, die Ausatmung in der Unterwasserphase. Das Ausatmen wird zum Ende der Druckphase hin verstärkt (siehe Fotos S. 68).

Übungseinheit

Aufgabe	Anweisung	Hinweis
1. Rücken-schwimmen	bewege Arme (in der Unterwasserphase) und Beine gebeugt	strecke den Arm am Ende der Druckphase (u. U. mit Flossen)
2. Rücken-schwimmen	beachte gezielt die Atmung	

Weitere Übungsmöglichkeiten bieten sich in den Variationen des *Wechselzugschwimmen*, wie:

Ziehe nur mit einem Arm, lasse den Gegenarm gestreckt vor dem Kopf liegen – ziehe mehrmals links und rechts, der Gegenarm ruht dabei wie zuvor.

Die in diesem Lernziel auftretenden *Fehler* entsprechen denen der Grobform des Rückenschwimmens und bleiben hier unerwähnt.

Delphinschwimmen

1. Teilziel: Delphinbeinschlag

Bewegungsbeschreibung
Eingeleitet wird die Bewegung durch eine leichte Kopfsteuerung (siehe auch *Delphinspringen,* S. 46). Die Auf- und Abbewegung des Kopfes setzt sich fort in einer wellenförmigen Bewegung des Körpers. Der Hauptimpuls für den Beinschlag kommt aus dem Bereich der unteren Brustwirbel/ Lendenwirbel und wird über das Becken auf die Oberschenkel, Unterschenkel und Füße übertragen.

Das Becken wird abwärts gedrückt, Oberschenkel, Unterschenkel und Füße schlagen nacheinander abwärts.
Die Abwärtsbewegung der Oberschenkel bewirkt gleichzeitig ein Beugen der Beine im Kniegelenk. Die Unterschenkel kommen nicht aus dem Wasser.

Die Abwärtsbewegung der Unterschenkel erfolgt kräftig mit stark gestreckten und nach innen gedrehten Füßen.
Während der Abwärtsbewegung der Beine leitet die Hüfte bereits wieder die Aufwärtsbewegung ein. Die Beine folgen der Hüfte gestreckt nach.

Übungseinheit

Aufgabe	Anweisung	Hinweis
1. Beinschlag Tauchen	Beinschlag unter Wasser; betone den Abwärtsschlag	öffne unter Wasser die Augen; steuere mit dem Kopf und den Armen
2. Beinschlag an der Wasseroberfläche	halte die Arme an der Seite	atme so wenig wie möglich (Atmung unterbricht den Rhythmus)
3. Beinschlag in RL	betone Aufwärtsschlag; drücke die Hüfte auf und ab, beuge die Beine	paddele mit den Händen an der Seite
4. Beinschlag in BL	halte die Arme an der Seite oder nach vorn	atme nur, wenn es nötig ist, atme vorn ein
5. Beinschlag in SL	mache weite Bewegungen	schwierige Übung (leichter mit Flossen), die jedoch ein gutes Beobachten des Beinschlags ermöglicht

Der Einsatz von Flossen erleichtert die Bewegungsführung. Flossen dürfen nach GELZENLEUCHTER (5) jedoch nicht zu lange eingesetzt werden, da sonst Gefahr besteht, sich an sie zu stark zu gewöhnen; eine anschließende Umstellung wird dann schwierig.

2. Teilziel: Koordination Armzug und 2 Beinschläge
Bewegungsbeschreibung
Die Beinschläge erfolgen (1.) am Ende der Schwungphase und (2.) in der dann folgenden kurzen Pause zwischen Schwungphase und Beginn der Zugphase.

Übungseinheit

Aufgabe	Anweisung	Hinweis
1. Delphinsprung (siehe S. 46)	komme mit den Händen immer zum Beckenboden	mache mehrere Delphinsprünge hintereinander
2. Brustarmzug/ Delphinbeinschlag	unterstütze den Beinschlag durch leichte Handbewegungen	betone Beinschlag
3. mehrere Beinschläge auf einen Armzug	mache mit den Armen am Ende der Schwungphase eine Pause	
4. 1 Armzug, 2 Beinschläge	(siehe Bewegungsbeschreibung)	beachte Kopfsteuerung

3. Teilziel: gebeugter Armzug

Bewegungsbeschreibung
Die Arme ziehen auf geradem
Weg im Ellenbogen gebeugt zum
Oberschenkel.
Die Zugbewegung wird eingeleitet
durch die Hände und Unterarme.
Die Hände sollen dabei in Schul-
terbreite auseinander sein.
Am Ende der Druckphase sind die
Arme fast gestreckt. Die Schwung-
phase beginnt mit Herausheben
der Ellenbogen. Die Arme werden
im weiten Bogen über Wasser nach
vorn geschwungen. Am Ende der
Schwungphase sind die Arme wie-
der gestreckt.

Übungseinheit: Koordination des gebeugten Armzuges mit dem Beinschlag

Aufgabe	Anweisung	Hinweis
1. gebeugter Armzug	beuge den Oberkör- pcr ab (wie Bewe- gungsbeschreibung)	Partner beobachtet und korrigiert
2. Koordination mit Flossen	beachte den gebeug- ten Armzug	da die Flossen für er- höhten Antrieb sor- gen, ermöglichen sie eine bessere Konzen- tration auf den Armzug
3. Delphinschwim- men mit Atmung	mache 2 Beinschläge auf einen Armzug	atme bei jedem Armzug

4. *Teilziel:* Variation des gebeugten Armzuges – ‹Schlüssellochzug›

Bewegungsbeschreibung
Die Hände und Arme beschreiben gleichzeitig folgenden Weg:
1. Auswärts-Abwärtsbewegung:
   Hand schaufelförmig, Handflächen leicht nach außen gedreht
2. Einwärts-Rückwärtsbewegung bis zu den Schultern:
   Arm beugt im Ellenbogen immer stärker; Hände holen Ellenbogen
   ein; in Schulterhöhe bilden Hände, Ellenbogen und Schultern ein
   Dreieck
3. Rückwärts-Auswärtsbewegung:
   die Arme werden mit leichter Auswärtsbewegung zum Oberschenkel
   hin gestreckt; die Ellenbogen kommen zuerst aus dem Wasser; die
   Arme schwingen im Bogen nach vorn

Übungseinheit

Aufgabe	Anweisung	Hinweis
1. Delphinschwimmen mit Flossen	schwimme mit ‹Schlüssellochzug›	Konzentration auf den Armzug
2. Delphinschwimmen	(wie Übung 1) mit und ohne Atmung	mache mit den Armen am Ende der Schwungphase jeweils eine Pause; beachte den Rhythmus

Fehler	Folge	Korrektur
1. breite Armführung in der Unterwasserphase	erschwerte Schwungphase	ziehe die Arme unter dem Körper durch
2. Kopf ist am Ende der Schwungphase über Wasser	fehlende Kopfsteuerung erschwert die Schwungphase	nehme beim Nachvorneschwingen der Arme das Kinn auf die Brust; rechtzeitig unter Wasser ausatmen
3. steife Beinhaltung	geringer Antrieb	halte die Beine locker; drehe Füße leicht nach innen
4. weite Aus- und Einwärtsbewegung	dem Wasserwiderstand ausweichen (geringer Antrieb)	schwimme mit einem langgezogenen ‹S›

Merke

1. Beschleunige den Armzug in der Unterwasserphase; dadurch erhöht sich die Geschwindigkeit, und die Schwungphase wird eingeleitet.
2. Atme dann, wenn die Schultern ihren höchsten Punkt erreicht haben (am Ende der Druckphase).
3. Führe die Bewegung der Beine im Wasser aus.
4. Beuge die Beine nicht so stark, daß die Oberschenkel senkrecht stehen.
5. Sind die Hände in der Druckphase, bewege die Hüfte nach unten (bewege sie auf gar keinen Fall nach oben).

Feinform der vier Schwimmarten

Brustschwimmen

Im Kap. *Verbesserung der Grobform* wurde die Schwunggrätsche erlernt. Es kam außerdem zu einer Änderung des Atemzeitpunktes.
Schwunggrätsche und richtiger Atemzeitpunkt sind unbedingte Voraussetzungen für eine Leistungssteigerung.
Da Brustschwimmen zu den Gleichzugschwimmarten zählt, wird die
Wechselwirkung von Antrieb und Rücktrieb besonders dann deutlich,
wenn Armzug, Beinschlag und Atmung schlecht koordiniert sind. Deswegen muß die Antriebswirkung der Arme und der Beine exakt aufein-
ander abgestimmt sein. Die Antriebswirkung des Beinschlags muß
dann einsetzen, wenn die Arme keine Antriebswirkung mehr haben –
also nach der Druckphase. Die Antriebswirkung des Beinschlags unterstützt das Vorbringen der Arme und wirkt sich bis in die Gleitphase aus.
– Die Fotos auf Seite 53 verdeutlichen die aufgezeigten Koordinations-
probleme.
In der Feinform des Brustschwimmens sind folgende Punkte zu beachten:

1. Mache viele Gleitübungen in Verbindung mit Armzug und Beinschlag. Variiere zum Beispiel: eine Gesamtbewegung – ein Armzug –
   ein Beinschlag – eine Gesamtbewegung.
2. Auf eine strömungsgünstige Bewegung sowie eine antriebswirksame
   Streckung der Beine ist zu achten.
3. Fußgymnastik ist unbedingt notwendig, um beim Rückschwingen der
   Beine die Füße ausdrehen zu können; denn nur dann ist ein maximaler Antrieb gewährleistet.
4. Trainiere besonders die Druckphase mit dem Zusammenbringen der
   Ellenbogen – zum Beispiel: Hebe den Oberkörper bewußt hoch aus
   dem Wasser; dadurch kommen die Ellenbogen leichter zusammen.
5. Armzug und Beinschlag müssen beim Brustschwimmen gesondert
   als eine Einzelübung trainiert werden, um die lokale Muskelausdauer zu verbessern.
6. Schwimme viel Brustarmzug – Kraulbeinschlag. Der Kopf muß bei
   dieser Übung immer über Wasser gehalten werden; Arme und Beine
   sind pausenlos zu bewegen. Die Ellenbogen müssen nah zusammen-
   kommen.
7. Hebe beim Atmen nur den Mund aus dem Wasser; ein weit in den
   Nacken genommener Kopf führt leicht zu einer starken Hohlkreuzhaltung.
8. Halte die Schultern und den Oberkörper möglichst ruhig; denn jede

weite Auf- und Abwärtsbewegung des Oberkörpers führt zu erhöh-
tem Wasserwiderstand und langsamerem Schwimmen.

9. Schwimme speziell als Brustschwimmer keine Trainingseinheit ohne
diese Schwimmart.

Kraulschwimmen

Beim Kraulschwimmen können die technischen Variationen in zwei Gruppen zusammengefaßt werden:

1. *Gleitkraulschwimmen* zeichnet sich durch Strecken der Arme und kurzes Verharren des gestreckten Armes am Ende der Schwungphase aus. Dazu erfolgt eine kontinuierliche Auf- und Antriebsunterstützung durch einen 6er-Beinschlag, das heißt zu einem gesamten Bewegungszyklus der Arme werden 6 Beinschläge koordiniert.

2. *Hochfrequentes Kraulschwimmen* zeichnet sich durch einen fortlaufenden, pausenlos gebeugten Armzug mit hoher Frequenz aus. Die Beine führen lediglich eine Auftriebsunterstützung mit einem 2er-Beinschlag durch, das heißt: zu einem gesamten Bewegungszyklus der Arme werden 2 Beinschläge koordiniert.

Innerhalb dieser beiden Bereiche existieren gerade für den hochfrequenten Armzug etliche Beinschlagvarianten (z. B. der 2er-Überkreuzschlag oder der Schleppschlag), deren Anwendung vom Schwimmstil abhängt. Ein gezieltes Training ist nicht zu empfehlen, da diese Varianten den Schwimmstil negativ beeinflussen können.

Merke
1. Ein starker Beinschlag ermöglicht ein langes, das Gleiten betonendes Kraulschwimmen mit wesentlich verringerter Zugzahl.
2. Eine geringe Anzahl von Beinschlägen muß eine erhöhte Zugfrequenz zur Folge haben.

Das Kraulschwimmen mit dem 2er-Beinschlag scheint für lange Strecken (800 und 1500 m) ökonomischer zu sein als für kurze Strecken, da die Beinmuskulatur erfahrungsgemäß früher ermüdet als die Armmuskulatur.

1. Teilziel: Kraulbeinschlag
Die Feinform des Kraulbeinschlags gilt es durch intensives Beinschlagschwimmen zu festigen. Ein solches Training ist unerläßlich, da der Beinschlag neben dem Antrieb besondere Auftriebs- und Stabilisationsfunktionen zu erfüllen hat. Werden diese vernachlässigt, so sackt entweder der Körper ab, oder er bewegt sich schlengernd durch das Wasser. Beides führt zur Verringerung der Geschwindigkeit.

Übungseinheit

Aufgabe	Anweisung	Hinweis
1. Beinschlag mit Schwimmbrett	• schlage nicht zu tief • schlage mit erhöhter Frequenz	lege beide Arme gestreckt auf das Brett
2. Beinschlag mit Schwimmbrett	• halte das Brett senkrecht • überwinde auch hohen Widerstand	je tiefer das Brett im Wasser, desto größer die Belastung
3. Beinschlag, Hände auf dem Po	atme nach vorn; die Füße müssen immer aus dem Wasser kommen	beuge die Beine nicht zu stark

Diese Übungen lassen sich in den verschiedenen Formen des Ausdauer- bzw. Schnelligkeitsausdauertrainings durchführen.

2. Teilziel: Feinform Kraulschwimmen (spezielle Hinweise)
Im Teil 2 des Kraulschwimmens der *Verbesserung der Grobform* sind
die ersten Voraussetzungen für ein schnelles Schwimmen gegeben. In
der *Feinform* gilt es, folgende Grundregeln umzusetzen:

1. Der gesamte Armzug ist nah der Körperlängsseite auszuführen, um
   bremsende Schlengerbewegungen zu vermeiden.
2. In der Unterwasserphase sollen Hand und Unterarm sowie der
   Oberarm dem Wasser so lange wie möglich Widerstand bieten.
   Hierzu eignet sich besonders das Schwimmen mit ‹paddels› zur
   Selbstkorrektur der Bewegung.

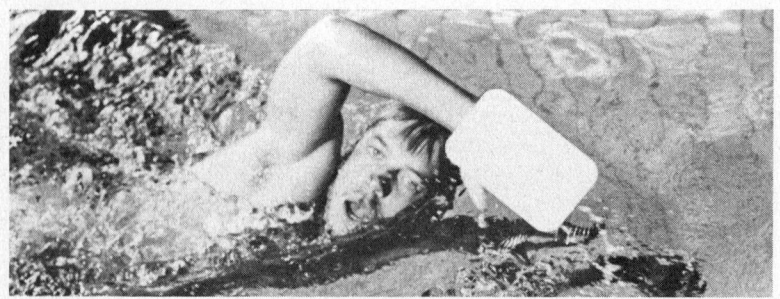

3. Der Armzug muß in der Unterwasserphase beschleunigt werden, um
   seinen kräftigsten Abdruck am Ende der Schwungphase zu erreichen.
4. Die Unterwasserphase ist über einen langen Weg (z. B. ‹S-Zug›)
   durchzuführen, um einen lang wirkenden Antrieb zu erzielen.
   Allgemein gilt: Ändere den Kraulstil erst dann, wenn sich bei regelmäßigem Training keine Leistungssteigerungen einstellen.

Rückenschwimmen (S-Zug)

Der S-Zug ist in der Rückenlage wesentlich schwieriger auszuführen als
in der Bauchlage und wird deswegen erst in der Feinform erlernt. Die
wechselseitigen Bewegungen des Rückenschwimmens sorgen zwar für
fortlaufenden Antrieb; jedoch ist diese Schwimmart erheblich langsamer als das Kraulschwimmen. Der Bau der Schultergelenke verhindert
ein ähnlich leichtes Beugen und Durchziehen der Arme wie in der
Bauchlage. Es ist in Rückenlage schwierig, den Körper gestreckt zu
halten; denn u. a. zieht uns der Po nach unten.
Es ist nicht notwendig, mit Anfängern den S-Zug zu erlernen. Leistungssteigerungen lassen sich auch mit dem gestreckten oder gebeugten Rückenarmzug erlernen.

1. Teilziel: S-Zug

Bewegungsbeschreibung
Der Körper liegt auf dem Rücken in Gleitbootlage im Wasser. Der Arm taucht mit dem kleinen Finger zuerst gestreckt in Verlängerung der Körperlängsseite über der Schulter ins Wasser. Der Arm sinkt durch den Schwung aus der Schwungphase ab und wird leicht gebeugt mit schaufelförmig gehaltener Hand weiter nach unten gezogen.

Mit zunehmendem Beugen im Ellenbogen zieht der Arm zur Seite.
In Schulterhöhe bilden Hand, Unterarm und Oberarm ein Dreieck, das im Ellenbogen einen Winkel von ca. 90 Grad aufweist.

Das Strecken des Armes erfolgt zum Oberschenkel hin. Die Hand kommt dabei nah an das Bein. Durch einen kräftigen Abwärtsdruck der Hand zeigen die Fingerspitzen am Ende der Druckphase zum Beckenboden.

Dieser Abwärtsdruck erleichtert das Anheben der Schulter und leitet die Schwungphase ein. Die angehobene Schulter ermöglicht dem Arm, mit weniger Wasserwiderstand die Schwungphase zu überwinden.

Während der Schwungphase erfolgt ein Drehen des Armes im Schultergelenk. Die Handfläche zeigt nach außen, der kleine Finger taucht zuerst ein. Unter der Wasseroberfläche ist die Schwungphase beendet. Während der Arm eintaucht, beginnt der Gegenarm die Schwungphase.

Übungseinheit: S-Zug (Trockenübungen, Schwimmübungen)

Aufgabe	Anweisung	Hinweis
1. Partnerübung im Kniestand (siehe Foto)	der stehende Partner führt die Bewegung, der kniende folgt dieser mit den Händen	beachte das Dreieck in Schulterhöhe
2. S-Zug am Zugseil (siehe Foto)	(siehe Bewegungsbeschreibung) Handflächen zeigen zum Boden	Knie aufrecht; Seil ist bei ausgestreckten Armen gespannt
3. RL; S-Zug mit Partnerunterstützung	Partner drückt gegen die Hand; führe den S-Zug durch	übe einarmig; liege auf einer Bank; eine Schulter muß über dem Rand liegen
4. Rückengleichzug mit Rückenbeinschlag mit Flossen	halte den Körper gestreckt, ziehe mit beiden Armen gleichzeitig; beachte den S-Zug	1. Arme ohne Widerstand bewegen (Bewegung erfühlen) 2. verstärke den S-Zug;
5. Rückenwechselzug mit Flossen	ziehe immer nur mit einem Arm	mache immer dann eine Pause, wenn beide Arme gestreckt vor der Schulter zusammenkommen

Flossen erleichtern das Erlernen des S-Zuges. Sie sorgen für genügend Auftrieb und Antrieb und ermöglichen so eine bessere Konzentration auf die eigentliche Bewegung.

2. *Teilziel:* Koordination und Rhythmusschulung

Bewegungsbeschreibung
Wenn der rechte Arm die Schwungphase beendet, dann befinden sich
das rechte Bein an seinem tiefsten Punkt (Umkehrpunkt), der linke
Arm am Ende der Druckphase/Anfang der Schwungphase und das
linke Bein am höchsten Punkt. Dadurch kommt es zu einer leichten
Rollbewegung im Schulterbereich. Der Kopf wird dabei ganz ruhig
gehalten. Die leichte Rollbewegung ermöglicht
1. ein leichteres Beugen in der Unterwasserphase der Arme und
2. ein leichtes Heben der Schulter.
Auf einen Armzyklus erfolgen sechs Beinschläge, was mit folgenden
Übungen speziell trainiert werden kann:

Übungseinheit: Rückenschwimmen, Koordination der Arme und
Beine

Aufgabe	Anweisung	Hinweis
1. Rückenbeinschlag	zähle immer von 1 bis 6, betone 1 und 4	strecke die Arme vor den Kopf
2. Rückenbeinschlag	zähle wieder; nimm auf der 2. Hälfte der Bahn den Armzug hinzu	bei jeder Betonung (1, 4) taucht ein Arm in das Wasser
3. Rückenschwimmen	zähle auf der gesamten Strecke mit	

Beachte
1. Bleibe in der Hüfte gestreckt, aber überstrecke nicht (keine Hohlkreuzhaltung einnehmen).
2. Halte den Kopf gerade, lege u. U. Gummiring auf die Stirn.
3. Tauche mit dem kleinen Finger zuerst ein.
4. Atme regelmäßig auf einen Arm bezogen ein und aus.
5. Nehme die Gleitbootlage ein.
6. Wechsele möglichst nicht den Atemrhythmus.
7. Tauche die Arme in Verlängerung der Körperlängsseite ein.

Delphinschwimmen

Zum Erlernen der Feinform des Delphinschwimmens bieten sich unter
häufigem Wiederholen sogenannte *Delphinkombinationsübungen* an.
Sie setzen sich aus zwei verschiedenen Schwimmarten zusammen, wo-
von eine der Delphinarmzug oder -beinschlag sein muß. Diese Übungen dienen der Koordinationsverbesserung und Rhythmusschulung.
Die Kombinationsübungen stellen eine Möglichkeit dar, die Feinform
des Delphinschwimmens im Rahmen individueller Fähigkeiten zu erlernen. Zusätzlich lockern diese Übungen das Trainingsprogramm auf.
Die Feinform unterscheidet sich von dem bis jetzt erlernten Delphinschwimmen dadurch, daß ein Beinschlag in der *Druckphase* (vorher in
der Gleitphase) erfolgt. Der nächste Beinschlag setzt dann – wie zuvor –
am Ende der Schwungphase ein.

Bewegungsbeschreibung: Delphinschwimmen mit ‹Schlüssellochzug›

Der Körper liegt in Bauchlage fast gestreckt im Wasser. Der Armzug erfolgt in ‹Schlüssellochform›. Nach Beginn der Auswärts–Abwärts–Rückwärts–Einwärtsbewegung der Arme werden die Beine gestreckt zur Wasseroberfläche genommen.

In der Druckphase setzt dann der Abwärtsschlag der leicht gebeugten Beine ein. Die Hände bewegen sich nach hinten oben, und der Kopf wird zum Einatmen angehoben. Die Beine beenden den Abwärtsschlag, kurz bevor die Arme – mit dem Ellenbogen zuerst – das Wasser verlassen.

Die Schwungphase erfolgt, während das Gesicht ins Wasser gelegt wird und die Beine gestreckt zur Wasseroberfläche kommen.

Dann werden die Beine gebeugt, und mit dem Eintauchen der Hände erfolgt der nächste Abwärtsschlag.

Übungseinheit: Delphinkombinationsübungen

Aufgabe	Anweisung	Hinweis
1. Kraularmzug – Delphinbeinschlag	betone das Eintauchen der Hände; ziehe mit den Armen fortlaufend	Atmung zur Seite 1. lasse die Beine anfangs pendeln 2. verstärke den Beinschlag
2. einarmiges Kraulschwimmen – Delphinbeinschlag	schlage mit den Beinen zweimal auf einen Armkreis 1. wenn die Hand in der Druckphase ist 2. wenn die Hand eintaucht	mache keine Pausen im Armzug; wechsle die Zugseite; lasse den Gegenarm vorn ausgestreckt liegen
3. Brustarmzug – Delphinbeinschlag	schlage mit den Beinen zweimal auf einen Armzug	bewege die Arme nur in einem kleinen Kreis; atme nach vorn
4. Rückengleichzug – Delphinbeinschlag	RL; bewege die Arme gleichzeitig rückwärts, betone die Hüftbewegung	halte den Oberkörper so ruhig wie möglich
5. Rückenarmzug – Delphinbeinschlag	hebe die Hüfte am Ende der Schwungphase eines Armes hoch	halte den Kopf ruhig
6. Delphinarmzug – Kraulbeinschlag	1. bewege Arme und Beine pausenlos 2. lege eine Pause am Ende der Schwungphase ein	1. halte den Kopf gerade, schwimme nur kurze Strecken 2. so lassen sich leichter längere Strecken schwimmen

Anmerkung zu Übung 4 und 5
Delphinkombinationsübungen in Verbindung mit dem Rückenschwimmen sind zwar schwierig, fördern aber besonders die Beweglichkeit in der Hüfte und sollten deshalb angewendet werden.
Diesem Programm sollte ein Test folgen, bei dem andere Gruppenmitglieder die Bewegung beobachten und korrigieren können.

Beachte
1. Schwimme anfangs ohne Atmung, um eine bessere Konzentration auf die Bewegungen zu erreichen.
2. Ziehe mit den Händen erst bis zur Druckphase und schlage dann mit den Beinen.
3. Schwimme ruhig und kontrolliere die Bewegungen.
4. Denke an die Kopfsteuerung und halte den Oberkörper flach und ruhig.
5. Beuge die Oberschenkel nicht so stark, da sonst der Frontalwiderstand erhöht wird.
6. Bewege die Arme nur kurz gestreckt auswärts – langer Weg nah der Körperlängsachse.
7. Nicht das Gleiten beim Strecken und Auswärtsbewegen der Arme vergessen.

Zur Atmung beim Delphinschwimmen
Die Atmung wird dem Rhythmus des Armzuges untergeordnet. Die Arme heben in der Druckphase die Schultern leicht an. So ist das Ende der Druckphase als günstigster Einatmungszeitpunkt (siehe Foto) zu

sehen. Der Mund bleibt dabei flach über dem Wasser. Die Ausatmung
kann entweder in der gesamten Unterwasserphase oder nur in der
Druckphase – dann als Explosivatmung – erfolgen.

Beim ersten Zug nach Start und Wende sollte nicht geatmet werden,
weil hier die Gefahr des Wasserschluckens am größten ist. Es kann bei
jedem Zug (Einerzug) oder bei jedem zweiten Armzug (Doppelzug)
eingeatmet werden.

Andere Atemfrequenzen empfehlen sich im Wettkampf auf gar keinen
Fall. Die Sauerstoffaufnahme wäre zu gering, und frühzeitige Ermü-
dungserscheinungen wären die Folge.

Start und Wenden

Start

Start wird unterschieden in drei Ausführungsarten:
1. Hochstart,
2. Tiefstart und
3. Start aus dem Wasser beim Rückenschwimmen.

Steht ein Lehrschwimmbecken zur Verfügung, so läßt sich der Start hier am leichtesten vom Bewegungsablauf des Gleitens her erlernen; doch muß dabei besonders die Sicherheit (geringe Wassertiefe) beachtet werden.

Das Startkommando lautet – der Schwimmer steht hinter dem Startblock –:

1. «langgezogener Pfiff»	– steige auf den hinteren Teil des Startblocks/Rückenschwimmen: springe in das Wasser und nehme Vorstartstellung ein
2. «auf die Plätze»	– nehme unverzüglich die Startstellung ein
3. «kurzer Pfiff»	– springe ab

Hochstart

Bewegungsbeschreibung
Nach dem Kommando «auf die Plätze» beugt der Oberkörper ab. Die Arme werden gleichzeitig nach hinten bewegt und die Beine zusätzlich gebeugt, so daß beim «Pfiff» (1.) die Arme Schwung holen und (2.) der Absprung erfolgt. Der Körper taucht gestreckt mit den Fingerspitzen zuerst in das Wasser ein.

Übungseinheit: Abstoß – Absprung

Aufgabe	Anweisung	Hinweis
1. Abstoß aus dem Sitz (siehe Foto 1)	Sitz auf einer Stufe im Lehrschwimmbecken oder an der Beckenkante. Fußzehen um die untere Stufe krallen, Arme gestreckt nach schräg vorn unten, Oberkörper abbeugen, das Gesäß anheben, Beine strecken, ausgleiten	die Füße dürfen nicht abrutschen; nehme den Kopf zwischen die Arme Wer gleitet am weitesten?
2. Abstoß aus der Hocke (siehe Foto 2)	Füße hüftbreit, tiefe Hockstellung auf der unteren Stufe oder am Beckenrand (Ausführung wie Übung 1)	markiere die Eintauchstelle
3. Start ohne Armschwung (siehe Foto 3)	(Ausgangsstellung wie Übung 1) belaste die Fußballen, beuge die Beine leicht	strecke Körper und Fußspitzen
4. Start mit Armschwung (siehe Foto 4 und 5)	(siehe Bewegungsbeschreibung) belaste die Ballen, leichte Beinbeugung, nach vorn fallen, Arme vorschwingen, Beine strecken	

Foto 1

Foto 2

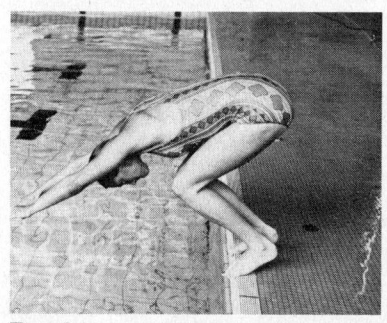

Foto 3

Foto 4 (Hochstart)

Foto 5 (Hochstart)

Fehler	Folge	Korrektur
1. geschlossene Füße	unsicherer Stand	Füße hüftbreit auseinander; Fußzehen um die Kante krallen
2. steife Beine	erhöhte Fehlstartgefahr	drücke die Knie extrem weit nach vorn
3. steiles Eintauchen	schlechter Übergang zur Schwimmart	markiere eine Eintauchstelle; versuche, mit den Händen dorthin zu kommen; springe weit
4. ‹Bauchklatscher› (siehe Foto 1)	große Bremswirkung; tut weh!	Armschwung dann abstoppen, wenn die Finger zur Wasseroberfläche zeigen
5. ‹Klappmesser› (siehe Foto 2)	siehe unter 4	Strecksprünge an Land üben, dabei mit den Händen hoch an die Wand schlagen; stoppe Armschwung vor der Waagerechten ab
6. Unterschenkel klappen ab	siehe unter 4	strecke die Fußspitzen mit dem letzten Abdruck
7. Arme sind vor dem Kopf nicht zusammen	Vortrieb wird gebremst; kurze Gleitphase	Körperstreckung und -spannung unter Wasser
8. tiefe oder flache Gleitphase	Schwierigkeiten im Übergang zur Schwimmart	das Eintauchen verbessern

falsch: ‹Bauchklatscher› (Foto 1)

falsch: ‹Klappmesser› (Foto 2)

richtige Flugphase

Fehlende Sprungkraft beim Start läßt sich durch Strecksprünge am Beckenrand oder in der Turnhalle üben (siehe Abschnitt *Schnelligkeit*, S. 137ff.).

Zusammenfassend die wichtigsten Punkte für ein Gelingen des Startsprungs:

1. Ausschalten von Arm- und Kopfbewegungen in den ersten Übungsformen
2. Erst den Schwerpunkt vor die Fußballen verlagern (geschieht durch Unterstützung des Armschwungs), dann die Beine strecken
3. Armschwung in der Vorwärtsbewegung abstoppen
4. Methodisch von der Wasseroberfläche zum Beckenrand und dann zum Startblock vorgehen
5. Sicherheit beachten (besonders beim Erlernen im Lehrschwimmbecken)

Wende

Die Wenden lassen sich je nach Ausführungsart in *hohe, flache* und *tiefe Wenden* gliedern. Unterscheidungsmerkmal ist dabei die Lage der *Schultern* (1.) zur Wasseroberfläche und (2.) zur Hüfte zum Zeitpunkt der Drehung:

1. hohe Wende: die Schultern sind über Wasser, die Hüfte bleibt unter Wasser
2. flache Wende: Schultern und Hüfte liegen bei der Drehung auf einer Ebene
3. tiefe Wende: die Schultern liegen unterhalb der Hüfte

Zur hohen Wende zählen die *Dreh-* und *Seitfallwende*; die *Roll-* und *Saltowende* gehören zum Bereich der tiefen Wende. Alle sind mit ein wenig Übung und Bewegungserfahrung gut erlernbar, vor allem die Rollwende. Gänzlich unüblich sind die flachen Wenden. Sie bieten keinerlei Vorteile und werden hier nur der Vollständigkeit halber erwähnt. Für den Anfänger sind die hohen Wenden am leichtesten zu erlernen.

Die Methodik einer Wende wird stets bestimmt von der Abfolge:

1. Richtungsänderungen im freien Wasser
2. Unterwasserabstoß
3. Drehung und Unterwasserabstoß
4. Anschwimmen, Drehung und Unterwasserabstoß

Würde man die Wende methodisch andersherum aufbauen, so stünde der Anfänger zum Beispiel nach der Drehung vor dem ‹Nichts›, da er den Unterwasserabstoß nicht beherrscht. Eine Wende zeichnet sich aber gerade durch einen ohne Unterbrechung durchgeführten Bewegungsablauf aus.

Sogenannte Handpaddelübungen sind als Vorübungen zu allen Wenden ebenso wie das Hechttauchen und -schießen zu empfehlen. Sie verbessern das Wassergefühl sowie das Gespür für den Wasserwiderstand und unterstützen die Drehung. Hechttauchen und -schießen dienen dem Erlernen der Steuerung mit Händen, Armen und dem Kopf. Unsicherheiten beim Unterwasserabstoß können damit ausgeglichen werden.

Vorübungen (Handpaddelübungen, Hechttauchen, Hechtschießen)

Aufgabe	Anweisung	Hinweis
1. Händepaddeln in RL	mit den Füßen in Schwimmrichtung; nur mit den Händen paddelnd vorwärts kommen	
2. Händepaddeln in BL	mit den Füßen in Schwimmrichtung; mit den Händen rückwärts paddeln, Kopf in das Wasser legen und wenig atmen; Füße an der Wasseroberfläche halten	Hohlkreuzhaltung; Anspannen der Rückenmuskulatur
3. Händepaddeln in RL	Kopf in Schwimmrichtung; nur mit den Händen paddeln; gestreckte Wasserlage	
4. Hechttauchen; Abstoß von der Beckenwand	Stoße nach vorn unten, Kopf zwischen den ausgestreckten Armen; gleite ohne zusätzliche Bewegung zum Beckenboden und wieder zur Wasseroberfläche zurück	in hüfttiefem Wasser; beachte das schnelle Strecken der Beine

Aufgabe	Anweisung	Hinweis
5. wie Übung 4	gleite bis zum Partner	beachte das Steuern
6. Hechtschießen	stelle einen Fuß auf den Beckenboden, den anderen an die Wand; Arme gestreckt, lege das Gesicht ins Wasser, stoße mit dem Wandbein ab	in hüfttiefem Wasser Wer kommt am weitesten? Wer kann seine Gleitweite steigern?

Hohe Drehwende

Bewegungsbeschreibung
Der Körper ist in Bauchlage und gleitet zur Wand. Beide Hände greifen in die Überlaufrinne. Arme beugen und drücken die Schultern aus dem Wasser; dabei wird der Kopf in den Nacken genommen.
Die Drehung erfolgt nach rechts oder links bei gleichzeitigem Anhocken der Beine. Um die Drehung zu erleichtern, löst sich eine Hand rechtzeitig aus der Überlaufrinne (bei Linksdrehung die linke Hand, bei Rechtsdrehung die rechte Hand), die andere Hand folgt mit kräftigem Abdruck zum Unterstützen der Drehung sofort nach. Der Kopf liegt im Nacken, die Schultern sind über Wasser, und die Hüfte ist unter Wasser. Man schaut über Wasser in die neue Schwimmrichtung. Die Arme sind gebeugt an der Körperseite und werden unter Wasser zur Streckung nach vorn bewegt. Da sich ein Teil des Körpers über Wasser befindet, sinken wir jetzt automatisch ab, unterstützt durch das Vorbringen der Arme unter Wasser (wichtig: Kopf im Nacken behalten). Beim Abtauchen werden die Fußballen an die Wand gestellt.
Die Arme sind jetzt in der Waagerechten, der Kopf liegt zwischen den Armen.
Wir stoßen uns ab. Die Einatmung erfolgt während der Drehung, die Ausatmung langsam während der Unterwasserphase.

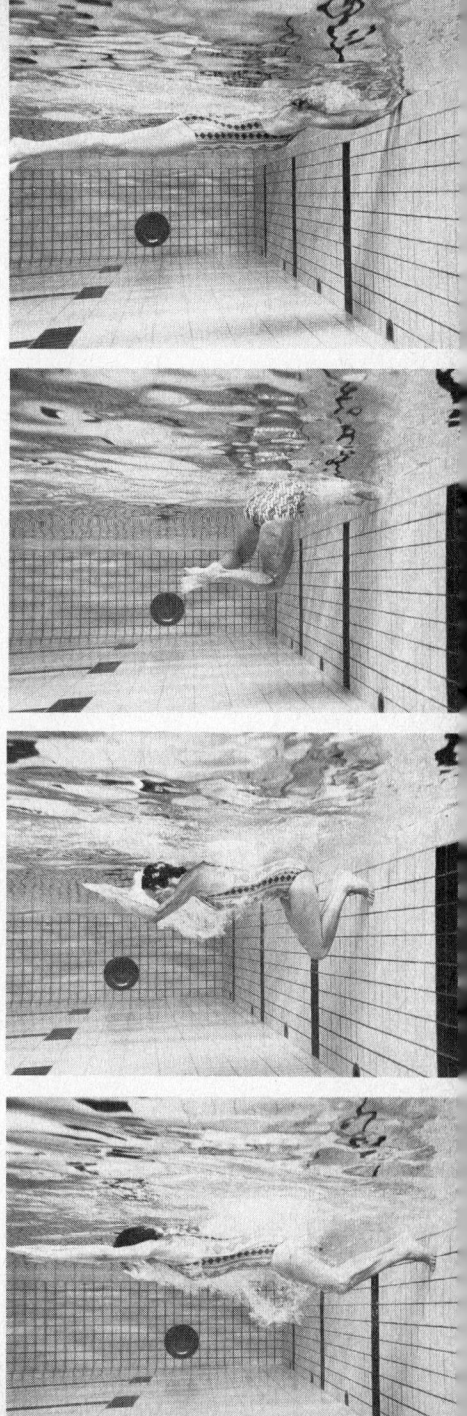

1. Teilziel: Unterwasserabstoß
Das Gleiten als Endstufe der Wassergewöhnung vor dem Erlernen der
Schwimmarten ist Voraussetzung für dieses Teilziel. Hierbei bieten sich
eine Fülle von Variationen an, die man alle ausprobieren und testen
sollte; denn sie steigern die Wasser- und Unterwassersicherheit.

Übungseinheit

Aufgabe	Anweisung	Hinweis
1. Hockstellung an der Wand	bringe beide Fußballen an die Wand, halte den Kopf über Wasser 1. bleibe in der Beugestellung durch Händepaddeln 2. strecke die Beine langsam und drükke den Körper durch Händepaddeln zurück; die Beine sind wieder gebeugt	
2. Abtauchen und Abstoß	(Ausgangsstellung wie in Übung 1) hebe den Oberkörper aus dem Wasser und lasse dich fallen; Fußballen und Beine gebeugt an der Wand, stoße kräftig ab	
3. Abtauchen und Abstoß	stehe in ca. 1 m Abstand mit dem Rücken zur Wand, springe nach oben, stelle beim Untertauchen beide Füße an die Wand, nehme die Arme vor den Kopf und stoße ab	halte den Kopf bis zum Abstoß im Nacken

Fehler	Folge	Korrektur
1. Kopf beim Gleiten im Nacken	kurze Gleitphase	nehme den Kopf zwischen die Oberarme
2. Arme beim Gleiten auseinander	kurze Gleitphase	lege die Hände aneinander
3. keine Körperspannung	kurze Gleitphase	strecke den Körper nach dem Abstoß
4. Füße sind über dem Schwerpunkt	Po schaut aus dem Wasser, Abstoßrichtung zum Beckenboden (siehe Foto 1)	stelle die Füße tiefer an die Wand; halte den Kopf beim Abtauchen im Nacken (siehe Foto 2)

Es ist nicht unbedingt notwendig, immer so lange zu üben, bis die Ausführung exakt beherrscht wird; doch sollte bei fehlerhafter Wende auf diese Übungen zurückgegriffen werden.

Foto 1

Foto 2

2. Teilziel: Drehung
Drehung und Richtungsänderung werden jetzt direkt mit Wandkontakt
geübt.

Übungseinheit

Aufgabe	Anweisung	Hinweis
1. Drehung aus der Schrägstellung (frontal zur ÜLR)	Füße auf dem Bekkenboden, Hände in ÜLR; Kopf im Nacken, dann wie Bewegungsbeschreibung	lese noch einmal die Bewegungsbeschreibung, S. 101
2. Angleiten Drehung Abstoß	gleite zur Wand durch kräftigen Abstoß vom Beckenboden; dann wie Übung 1	übe in hüfttiefem Wasser

3. Teilziel: Anschwimmen mit Orientieren, Drehen, Abtauchen,
                Abstoßen
Der letzte Lernschritt ist das Anschwimmen mit dem sich Orientieren
direkt vor dem Anschlag als Einleitung zur Wende. Es empfiehlt sich
das Brustschwimmen, da bis jetzt lediglich das beidhändige Anschlagen
geübt wurde. Natürlich kommt diese Wende auch für Kraulschwimmer
in Betracht; dabei ist allerdings zu beachten, daß wir immer zur ‹offenen
Seite› hin drehen, das heißt: Schlägt die rechte Hand an, drehe ich zur
linken Seite, schlägt die linke Hand an, drehe ich zur rechten Seite.

Fehler zur hohen Drehwende:

Fehler	Folge	Korrektur
1. Körper verdreht an der Wand	schlechtes Abtauchen, schlechter Unterwasserabstoß	löse die Hände rechtzeitig aus der ÜLR, Hände und Füße dürfen nie gleichzeitig an der Wand sein; schaue über Wasser in die neue Schwimmrichtung
2. Füße rutschen beim Abstoß ab	kein Abstoß mehr möglich	stelle die Füße in Gesäßhöhe an die Wand; stoße erst ab, wenn sichere Abstoßposition erreicht ist
3. kurzer Abstoß	schlechter Übergang zur Schwimmbewegung	übe Strecksprünge an Land

Im Unterricht kann diese Wende vorgeführt und von den Schwimmern nachgemacht werden. Die Fehler können dann gezielt korrigiert werden. Der Unterwasserabstoß sollte jedoch bereits beherrscht werden. Zur Verbesserung der Grobform und Feinform der Schwimmarten werden folgende Starts und Wenden aufgezeigt:
1. Rückenstart
2. einfache hohe Rückenwende
3. Hochstart mit Rückwärtskreis der Arme
4. Seitfallwende
5. Tiefstart
6. Rollwende
7. Saltowende

Rückenstart

Zum Erlernen des Rückenschwimmens gehört auch die Beherrschung
eines Starts. Der Start erfolgt aus dem Wasser, wobei der Schwimmer
mit dem Gesicht zur Wand blickt; der Rücken zeigt zur Schwimmrichtung.

Bewegungsbeschreibung
Die Hände greifen in Schulterbreite in die Überlaufrinne oder in dafür
vorgesehene Haltegriffe. Die Fußballen stehen unter Wasser an der
Beckenwand. «Auf die Plätze»: die Arme werden gebeugt und heben
den Oberkörper leicht aus dem Wasser. Das Kinn liegt auf der Brust.
«Kurzer Pfiff»: die Rückwärtsbewegung wird eingeleitet durch Nach-
hintennehmen des Kopfes und gleichzeitigem Lösen der Hände.
Die Arme werden seitlich vom Körper bei gleichzeitiger Streckung der
Beine schnell nach hinten geschwungen. Der Körper nimmt eine Hohlkreuzhaltung ein, der Kopf liegt im Nacken.
Die Hände tauchen zuerst ins Wasser; Arme, Oberkörper und Beine
folgen.
Unter Wasser beginnt die Steuerung mit Händen, Armen, Kopf und
Oberkörper. Ein kräftig einsetzender Beinschlag unterstützt nach kurzer Gleitphase das Auftauchen. Kurz vor der Wasseroberfläche zieht
man einen Arm bis zum Oberschenkel. Die Wasseroberfläche wird
durchbrochen. Der wechselseitige Armzug fortgesetzt.
Während der gesamten Gleitphase sind
1. die Augen geöffnet; 2. wird gleichmäßig durch die Nase ausgeatmet.
Die Ausatmung wird mit dem Auftauchen kurz verstärkt («aus-
schnauben›).
In den Regelbestimmungen steht, daß die Füße unter Wasser sein
müssen und auf keinem Widerstand stehen dürfen, also nur an der
senkrechten Wand Halt finden können. In der Methodik sollte diese
Regel anfangs unberücksichtigt bleiben. Um den Start zu erleichtern,
sind solche Unterstützungsmöglichkeiten für die Füße günstig. Ränder
von Scheinwerfern, Unterwasserfenster, Einstiegleitern oder Überlaufrinne bieten sich hier an. Die Füße können nicht abrutschen, und man
hat einen sicheren Halt. Erst dann sollte man an die Beckenwand
gehen.
Beachte folgende Hinweise:
1. Fußstellung: die Füße werden entweder
                     1. nebeneinander auf gleicher Höhe
           oder 2. nebeneinander in unterschiedlicher Höhe
           oder 3. übereinander an die Wand gestellt.

Bei der 1. und 2. Fußstellung stehen die Füße (Fußballen) in Schulterbreite an der Wand. Bei der 3. Möglichkeit zeigt das Knie des unteren
Fußes nach außen.
2. Je weiter Hände und Füße voneinander entfernt sind, desto größer ist
   die Gefahr des Abrutschens.
3. Die Hüfte muß in der Überwasserphase besonders hochgebracht
   werden.

Fehler	Folge	Korrektur
1. Knie sind ganz nah an der Wand	Abrutschen, kein sicherer Halt für die Füße	der Abstand sollte so sein, daß Fußzehen und -ballen noch sicheren Halt haben
2. Entfernung der Hände und Füße in der Startstellung zu groß	Abrutschen	verringere die Entfernung: am leichtesten auszuführen im Abstand von ca. 20 bis 50 cm
3. keine Bogenspannung	Schultern schlagen auf das Wasser; Po taucht zuerst ein	nehme in der Flugphase bis zum Eintauchen den Kopf in den Nacken

Hohe Rückenwende (hohe Drehwende)

Bewegungsbeschreibung
Das Anschwimmen erfolgt in Rückenlage. Der Schwimmer orientiert
sich bereits vor Erreichen der Wand auf den Anschlag. Mit Berühren
der Wand durch den Anschlagarm dreht sich der Schwimmer aus geringer Seitenlage auf den Bauch, wobei der Anschlagarm gebeugt wird und
die Schultern hochdrückt. Die Beine werden angehockt unter dem
Körper zur Wand bewegt. Die Hand drückt sich von der Überlaufrinne
ab und schwingt vor den Kopf, der gerade gehalten wird. Der Oberkörper kippt nach hinten und taucht unter; dabei werden die Fußballen fest
an die Wand gestellt.
Nach der Beinstreckung und dem Lösen der Füße von der Wand sind in
der folgenden Gleitphase beide Arme gestreckt. Der Kopf liegt zwischen den Armen. Der ‹freie Arm› – er berührt nicht die Wand – bleibt

während der Drehung an der Körperseite. Beim Abtauchen des Körpers wird er vor den Kopf genommen.
Während der gesamten Unterwasserphase wird nur durch die Nase ausgeatmet. Die Augen bleiben zur Orientierung immer geöffnet. Nach einer kurzen Gleitphase beginnt der intensive Beinschlag.

Übungseinheit

Aufgabe	Anweisung	Hinweis
1. Abstoß in Rückenlage	Hände und Füße sind an der Wand, hebe den Körper leicht aus dem Wasser; am höchsten Punkt mit den Händen nach hinten abdrücken, Oberkörper absinken lassen; in RL unter Wasser abstoßen	an der Beckenwand
2. Drehung und Abstoß	Schrägstand mit Rücken zur Wand, Blick zur Anschlaghand, dann wie Bewegungsbeschreibung nach dem Anschlag	in hüfttiefem Wasser; schaue zur Anschlaghand
3. Angleiten, Drehung und Abstoß	mit ausgestrecktem Anschlagarm zur Wand in RL gleiten, dann wie Bewegungsbeschreibung	
4. hohe Rückenwende	in RL anschwimmen, hohe Rückenwende mit Unterwasserabstoß	

Anmerkung
Selbst wenn – wie erwähnt – bei einer Wende Hände und Füße nie
gleichzeitig an der Wand sein sollen, ist zum Erlernen des Unterwasserabstoßes in Rückenlage dieser Übungsschritt methodisch sinnvoll
(Übung 1).

Fehler zur hohen Rückenwende

Fehler	Folge	Korrektur
1. Hände und Füße gleichzeitig an der Wand	schlechtes Abtauchen; Mißlingen des Unterwasserabstoßes	löse die Hand rechtzeitig
2. Wasser kommt in die Nase	Unterbrechen der Unterwasserphase	atme langsam durch die Nase aus
3. Kopf im Nacken beim Abstoß – Füße über dem Körperschwerpunkt	Abstoßrichtung zum Beckenboden	• halte den Kopf gerade • korrigiere Armhaltung • setze die Füße tiefer an die Wand

Variation zum Hochstart – Rückwärtskreisen der Arme

Bei dieser Startvariante werden beide Arme in der Startstellung gestreckt vor dem Körper gehalten. Die Beine sind leicht gebeugt.
Bei dem Kommando «kurzer Pfiff» wird der Körperschwerpunkt durch
ein gleichzeitig einsetzendes Rückwärtskreisen beider Arme schnell vor
die Fußballen verlagert. Der Drehimpuls der Arme wird zwischen der
Senkrechten und der Waagerechten abgestoppt, wobei die Kreisbewe-
gung der Arme die Beinstreckung unterstützt. Die Blickrichtung ist in
der Flugphase nach vorn unten gerichtet. Beim Eintauchen muß der
Kopf zwischen den Armen liegen.

Seitfallwende

Die Seitfallwende ist in der Endausführung schneller als die hohe Drehwende und ist anwendbar auf alle Schwimmarten. Sie bietet sich bei einem Wettkampf in Bädern ohne Überlaufrinne besonders für das Brust- und Delphinschwimmen an. Zu beachten sind die Regelbestimmungen zur Wende.

Zum terminologischen Verständnis folgende Erläuterung:
Seitfall: man fällt von einer Seite des Körpers auf die andere, und zwar von der rechten auf die linke Seite oder umgekehrt.

Die Bewegungsrichtung des *Anschlagarms* – das ist der Arm, der den Körper zur Wand zieht, den Oberkörper anhebt und das Seitfallen durch Abdruck von der Überlaufrinne einleitet – entscheidet über die Lage des Körpers nach dem Abtauchen im Wasser, also über Bauch-, Seiten- oder Rückenlage.

Das *Lernziel Seitfallwende* ist methodisch wie folgt gegliedert:
1. Seitfallübungen und Richtungsänderungen im freien Wasser
2. Richtungsänderungen, Abtauchen, Abstoß
3. Orientieren, Anschwimmen, Richtungsänderung, Abtauchen, Abstoß

Bewegungsbeschreibung
Der Körper gleitet in Seitenlage zur Wand. Beim Delphin- und Brustschwimmen ist erst nach regelrechtem Anschlag die Seitenlage einzunehmen!
Der Anschlagarm beugt, drückt den Oberkörper aus dem Wasser und leitet das seitliche Umfallen auf die andere Körperseite ein. Dieses wird unterstützt durch kräftiges Abdrücken mit der Hand von der Wand sowie durch schnelles Vorschwingen des Arms zum Stützarm hin. Der Stützarm wiederum unterstützt das Abtauchen, korrigiert durch Handpaddeln ein zu tiefes Abtauchen und steuert u. U. den Körper für einen geradlinigen Abstoß aus. Mit dem Abdruck der Hand von der Wand werden gleichzeitig die Beine angehockt unter dem Körper zur Wand bewegt. Die Fußballen stehen übereinander an der Wand; Oberkörper und Arme sind in diesem Moment gestreckt.
Die Abstoßposition für den Unterwasserabstoß ist erreicht. Der Kopf bleibt bis zum Unterwasserabstoß in Seitenlage. In der nachfolgenden Gleitphase müssen die Regelbestimmungen zu den Schwimmarten beachtet werden. Beim Delphin- und Brustschwimmen wird einer der beiden Arme sofort nach dem Anschlag unter Wasser in die neue Schwimmrichtung bewegt, während sich der Körper auf die Seite dreht.

1. Übungseinheit: Seitfallübungen und Richtungsänderungen im freien
        Wasser

Aufgabe	Anweisung	Hinweis
1. Seitfallen	‹Stand›-Arme seitlich ausgestreckt, bewege beide Beine gleichzeitig auf kürzestem Weg von einer Hand zur anderen und zurück, hocke die Beine an und strecke sie wieder	in hüfttiefem Wasser; berühre nach der Ausgangsstellung mit den Füßen nicht mehr den Beckenboden
2. Schwimmen mit Richtungswechsel auf der Bahn	Während des Kraul-, Brust- und Delphinschwimmens Seitlage einnehmen, dann (wie in Übung 1) in der neuen Richtung weiterschwimmen	mehrere Richtungswechsel auf der Bahn

2. und 3. Übungseinheit: Richtungsänderung, Abtauchen, Abstoßen

Aufgabe	Anweisung	Hinweis
1. Richtungsänderung, Abtauchen, Abstoßen	Seitschrägstellung; mit Anschlagarm in ÜLR, dann wie Bewegungsbeschreibung	an der Beckenwand möglichst in hüfttiefem Wasser
2. wie in Übung 1 aus dem Angleiten	Stoße vom Beckenboden ab, gleite mit ausgestrecktem Arm an, dann wie in Übung 1	Abstoß ca. 2 bis 3 m von der Wand entfernt

4. Übungseinheit: Orientieren, Anschwimmen, Richtungsänderung,
        Abtauchen, Abstoß

Aufgabe	Anweisung	Hinweis
1. Seitfallwende	Anschwimmen mit Beinschlag Anschlagarm gestreckt liegen lassen	geringe Entfernung zur Wand, Anschlagarm wechseln
2. Seitfallwende	schwimme mit Kraul, Brust oder Delphin an	wähle zum Anschwimmen anfangs kurze Distanzen
3. Seitfallwende	steigere die Anschwimmgeschwindigkeit	steigere erst nach erworbener Sicherheit!

Fehler zur Seitfallwende

Fehler	Folge	Korrektur
1. Beine vor Einnehmen der Abstoßposition strecken	kein Gleiten mehr möglich	warte mit dem Strecken der Beine, bis die Abstoßposition eingenommen ist
2. Kopf beim Abtauchen auf der Brust / im Nacken	Hohlkreuz/Rundrücken, kein geradliniger Abstoß	halte den Kopf gerade (Kopf liegt zwischen den Oberarmen)
3. Beine nur im Unterschenkel gebeugt	minimale Abstoßwirkung	übe Strecksprünge aus leicht gebeugten Beinen

Tiefstart

Tiefstart, Roll- und Saltowende sind im Leistungssport unerläßliche Techniken, ohne die sich ein Wettkampf nicht mehr gewinnen läßt. Seit den Olympischen Spielen in München 1972 hat sich der Tiefstart endgültig durchgesetzt.

Es ist nicht notwendig, noch einmal auf die Methodik des Starts einzugehen, da der Tiefstart lediglich eine kontinuierliche Fortsetzung des bisher Gelernten darstellt.

Der Schwimmer tritt nach dem Kommando «Auf die Plätze» an den vorderen Rand des Startblockes und nimmt die Startstellung ein. Hierbei legt er die Hände an die vordere Startblockkante. Im Moment der Startfreigabe löst er mit kräftigem Abdruck die Hände vom Startblock; es kommt zu einer kurzzeitigen zusätzlichen Beugung in den Beinen mit anschließendem kräftigen Strecken und Abdrücken der Beine und Füße.

Die Gefahr, das Gleichgewicht zu verlieren, ist relativ groß. Deswegen ist es zu einer Variation des Tiefstarts gekommen, die sinnvoll jedoch nur bei Startblöcken mit seitlicher Griffmöglichkeit angewendet werden kann. Der Schwimmer hält sich in der Kauerstellung mit den Händen seitlich hinter dem Körperschwerpunkt am Startblock fest. Löst er die Hände vom Block, fällt er ohne zusätzliche Bewegung ins Wasser.

Dieser Start kann zweifellos als der schnellste überhaupt angesehen

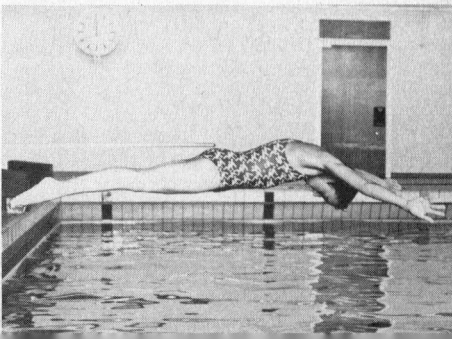

werden, da hier eine Schwerpunktverlagerung bis vor den Fußballen stattfindet. Standsicherheit ist allerdings nur durch das Festhalten der Hände am Startblock gegeben.

Ein schneller und guter Start bringt oft genug bereits entscheidende Vorteile. Voraussetzung sind allerdings auch Sprungkraft, Reaktionsschnelligkeit und Konzentrationsfähigkeit.

Rollwende

Die Rollwende (tiefe Wende vorwärts) bezieht sich auf das Kraulschwimmen, die Saltowende auf das Rückenschwimmen. Nach alten Regelbestimmungen mußte beim Kraulschwimmen die Wand mit Hand und Füßen berührt werden. Daraus ergab sich dann die Saltowende, bei der man in Rückenlage an die Wand schlug, einen Salto rückwärts machte und sich in Bauchlage abstieß. Seit den Olympischen Spielen in Tokio 1964 ist es zulässig, die Wand bei den Kraulwenden mit nur einem Körperteil zu berühren. Ein Anschlag mit der Hand ist dadurch unnötig geworden.

Nach den neuen Regelbestimmungen bleibt man in Bauchlage, macht eine Rolle vorwärts, ohne mit den Händen die Wand zu berühren, und stößt sich mit den Füßen ab. Durch diese Regelbestimmung ist die Saltowende für das Kraulschwimmen wertlos geworden, weil sie im Vergleich zur Rollwende Zeitverlust bedeutet.

Die *Rollwende* kann bereits nach dem Erlernen der Grobform des Kraulschwimmens geübt werden. Drehungen um die Längs- und Breitenachse dienen zur Vorbereitung; sie ermöglichen die Orientierung unter Wasser.

Die individuellen Ausführungen der Rollwende können hier nicht alle erwähnt werden. Variationen gibt es einmal in der Einleitung der Rollbewegung, zum anderen im Zeitpunkt der Drehung von Rücken- zur Seiten/Bauchlage.

Bewegungsbeschreibung
Die hier beschriebene Rollwende
wird eingeleitet durch eine Gleichzugbewegung der Arme, bei der
der Oberkörper durch zusätzliches
Einrollen des Kopfes ganz stark
abgeknickt wird. Die Beine bleiben in dieser ersten einleitenden
Phase gestreckt an der Wasseroberfläche und werden erst nach
dem Abwinkeln des Oberkörpers
über Wasser angehockt zur Wand
gebracht. Durch das verspätete
Anhocken wird die Rollbewegung
erleichtert (die Beinbewegung bewirkt einen zusätzlichen Drehimpuls). Der Schwimmer hockt an
der Wand und stößt sich dann ab.
Diese Hockstellung kann je nach
einsetzender Schraubenbewegung
in Rücken- oder Seitenlage sein.

1. Übungseinheit

Das Beherrschen des Unterwasserabstoßes in Bauch-, Seiten- und Rückenlage wird vorausgesetzt.

Aufgabe	Anweisung	Hinweis
1. Kraulbeinschlag und Rolle vorwärts	lasse beide Arme ausgestreckt liegen, ziehe mit den Armen; mache Rolle vorwärts, schwimme in BL weiter	mache mehrere Rollen vorwärts
2. Kraulschwimmen und Rolle vorwärts	schwimme Kraul, nehme dann beide Arme nach vorn; leite die Rolle vorwärts durch Ziehen der Arme und Kopfsteuerung ein; schwimme Kraul weiter	mache mehrere Rollen auf einer Bahn
3. Kraul und Rücken im Wechsel	schwimme Kraul, mache eine halbe Rolle; schwimme in RL in die Richtung, aus der du gekommen bist	freies Wasser
4. Rolle an der Wand	vom Beckenboden abstoßen, beide Arme vorn, halbe Rolle vorwärts, stoße in RL ab	am Anfang nicht zu nah an die Wand gehen
5. Rolle vorwärts mit Abstoß in RL	schwimme mit Kraulbeinschlag zur Wand; bringe frühzeitig beide Arme nach vorn; Rolle vorwärts, Abstoß in RL	Arme sind beim Gleiten vor dem Kopf gestreckt

Aufgabe	Anweisung	Hinweis
6. Rollwende	(wie Übung 5) mit der Beinstrekkung Drehung in SL und Kraul weiterschwimmen	
7. Rollwende	Kraulschwimmen; drehe mit Unterstützung der Arme den Körper auf die Seite	die Handflächen zeigen und bewegen sich zueinander

2. Übungseinheit

Eine weitere Variation zu der Methodik der Rollwende bietet sich an, die jedoch auf das Lehrschwimmbecken bzw. auf hüfttiefes Wasser beschränkt ist. Als Hilfsmittel dient der Gymnastikstab. Es wird in 3er-Gruppen geübt.

Aufgabe	Anweisung	Hinweis
1. wie Übungen (1) und (2) auf S. 118		
2. Rollbewegung vorwärts	3er-Gruppen; 2 halten den Stab ca. 30 cm unter der Wasseroberfläche, einer zieht sich um den Stab herum	drücke den Oberkörper nicht aus dem Wasser
3. Rollbewegung vorwärts aus Angleiten	aus dem Angleiten um den Stab ziehen	
4. wie Übung 3	wie Übung 3 mit Anhocken	
5. wie Übung 3 an der Wand	aus dem Angleiten um den Stab ziehen; Abstoß in RL	Stab dient als Orientierungs- und Rollhilfe

Aufgabe	Anweisung	Hinweis
6. Rolle ohne Stab	mit Kraulbeinschlag anschwimmen, Abstoß in RL	Orientierungshilfen auf dem Boden
7. wie Übung 6	im Abstoß Drehung auf SL	

Hieran schließt sich Übung 7 aus der 1. Übungseinheit.

3. Übungseinheit
Steht eine Turnhalle zur Verfügung, dann bietet sich zur Rollwende eine andere Variation des Erlernens an, und zwar das Üben einer Judorolle (Rolle vorwärts über eine Schulter). Dadurch kommen wir in eine Schräglage. Nach dieser Vorübung und späteren Abstoßübungen in Seitenlage kann die Rollwende sofort aus dem Angleiten geübt werden. Der Weg über die Judorolle bringt eine deutliche Lernzeitverkürzung mit sich.

Fehler	Folge	Korrektur
1. Rollbewegung erfolgt zu früh	kein Abstoß möglich	• orientiere dich an dem Tauchstreifen • lege Orientierungshilfen auf den Beckenboden (Flossen)
2. ‹Kopfstand› im Wasser	keine Rollwende mehr möglich	lasse das Kinn auf der Brust
3. Beine hocken zu früh an	Rollbewegung erfolgt langsam	beuge erst in der Hüfte und hocke dann die Beine schnell an
4. Füße über dem Schwerpunkt in Abstoßstellung	Abstoß zum Beckenboden	• beginne die Rolle früher vor der Wand • Orientierungshilfen (Flossen, Tauchringe etc.) verwenden

Saltowende

Die Saltowende (tiefe Wende rückwärts) ist die schnellste Wende für das Rückenschwimmen. Im Rahmen der Saltowende gibt es eine Vielzahl von Variationen, die jedoch individuell geprägt sind. In der Grundstruktur weisen sie nahezu gleiche Merkmale auf. Der Unterwasserabstoß in Rückenlage wird vorausgesetzt.

Bewegungsbeschreibung
Das Anschwimmen/Angleiten erfolgt in Rückenlage. Die Konzentration liegt auf dem Anschlagarm. Die Fingerspitzen zeigen beim Anschlag zum Beckenboden. Gleite mit der Handinnenfläche ein wenig nach unten und beuge dabei den Arm mit Unterstützung durch den Beinschlag. Der Kopf wird leicht in den Nacken genommen. Über Wasser hocken die Beine schnell an und werden so zur Wand gebracht. Die Drehung erfolgt auf den Schultern (wie auf einer Drehscheibe). Die Hand unterstützt die Drehung durch Ziehen und Abdrücken. Der Abstoß erfolgt in Rückenlage.
Merke
  Anschlag links – Beine über die linke Seite zur Wand bringen
  Anschlag rechts – Beine über die rechte Seite zur Wand bringen

1. *Übungseinheit:* Drehungen und Saltos

Aufgabe	Anweisung	Hinweis
1. Drehung	lege dich auf den Rücken, hocke die Beine an, drehe rechts oder links herum; paddle dazu mit den Händen	übe ohne Wandkontakt
2. Salto	übe Salto vorwärts und rückwärts; nimm den Kopf in den Nacken	übe ohne Wandkontakt
3. Drehung und Anhocken	Rückenschwimmen, schnelles Anhocken und zur Seite schleudern der Beine; die Arme unterstützen die Drehung	nicht auf der Seite liegen

2. *Übungseinheit:* Drehungen und Abstoß

Aufgabe	Anweisung	Hinweis
1. Drehen auf den Schultern	RL, eine Hand an der Wand; bewege die angehockten Beine im Halbkreis zur ‹Anschlaghand›, lasse die Unterschenkel an der Wand fallen	hebe das Gesäß, drehe auf der Schulter (Matte, Handtuch o. ä. unterlegen)

Aufgabe	Anweisung	Hinweis
2. Drehung und Abstoß	stoße vom Beckenboden ab; Rückenbeinschlag, Anschlagarm über den Kopf gestreckt (wie Bewegungsbeschreibung); Abstoß, Beinschlag und Armzug	
3. Saltowende	Rückenschwimmen – Saltowende	

Fehler	Folge	Korrektur
1. Hand greift in ÜLR	kein Abtauchen mehr möglich	orientiere dich beim Anschwimmen; Fingerspitzen zeigen zum Beckenboden
2. Oberkörper senkrecht im Wasser	Unterbrechung und Stoppen der Drehung/Salto	greife mit der Hand nicht zu tief unter Wasser
3. der freie Arm ist passiv	fehlende Unterstützung	unterstütze die Drehung aktiv mit dem freien Arm; drücke die Hand nach oben
4. frühes Auftauchen nach der Wende	keine Gleitphase	atme vor dem Abtauchen ein, atme langsam aus; korrigiere den Abstoß

Aufgabe	Anweisung	Hinweis
5. der Abstoß geht zum Beckenboden, Füße über den Schwerpunkt	Zeitverlust durch steiles Auftauchen und zu lange Unterwasserphase	schlage Unterschenkel kräftig ins Wasser; Abstoß in RL wiederholen

Während der gesamten Unterwasserphase sollte durch die Nase ausgeatmet werden; dann kann kein Wasser in die Nase eindringen.

Schlußbemerkungen zu den Wenden

Wenden lassen sich am besten im Lehrschwimmbecken erlernen; hier stehen Orientierungshilfen zur Verfügung, und Partnerübungen können besser eingesetzt werden. Häufige Wiederholungen sind außerdem am ehesten gewährleistet.
Eine im Wettkampf optimal ausgeführte Wende ist deshalb so wichtig, weil sie Kraft sparen hilft und Sekunden gewinnen läßt.
Mehr oder weniger unerwähnt blieben bisher die Übergänge vom Abstoß zur neuen Schwimmbewegung. Beim Delphin-, Rücken- und Kraulschwimmen beginnen wir nach dem Abstoß und einer kurzen Gleitphase, die dem Ausnutzen der Abstoßgeschwindigkeit dient, mit kräftigen Beinschlägen. Danach setzt der Armzug ein. Der Beginn des Armzuges stellt allerdings eine Schwierigkeit dar: Setzt er zu früh ein, ist er beim Auftauchen hinderlich; setzt er zu spät ein, bringt er keinen Vortrieb.
Beim Brustschwimmen darf der Schwimmer nach den Regelbestimmungen nach dem Start und nach jeder Wende einen Armzug und einen Beinschlag völlig untergetaucht ausführen. Diese Unterwasserbewegungen bezeichnet man als *Tauchzug.*

Tauchzug

Nach einer Gleitphase werden die Arme entweder gestreckt oder gebeugt (wie der Schlüssellochzug beim Delphinschwimmen) bis zum Oberschenkel bewegt. Dieses Strecken oder Beugen bewirkt einen neuen Antrieb. Die Hüfte muß dabei steif, der Kopf gerade gehalten werden. Der gewonnene Vortrieb wird ausgenutzt in einer erneuten Gleitphase. Die Hände bewegen sich danach, ganz nah am Körper anliegend, nach vorn. Erst wenn die Hände in Schulterhöhe sind, beugen die Beine.

Das letzte Stück des Vorbringens der Arme wird durch den Rückschwung der Beine unterstützt. Die Ausatmung ist mit dem Auftauchen beendet. Der Tauchzug schafft Raumgewinn und spart dadurch Ausdauer und Kraft, die beim Schwimmen dringend benötigt wird.

Bei den *Lagenwenden* (Wenden zum Lagenschwimmen) ist wiederum
das Einhalten der Wettkampfbestimmungen entscheidend, woraus sich
dann recht eindeutig die Übergänge zur folgenden Schwimmart
ergeben.

Beim *Delphinschwimmen* muß man mit beiden Händen gleichzeitig in
gleicher Höhe anschlagen; erst dann kann die Rückenlage eingenom-
men werden. Der Anschlag erfolgt wieder in Rückenlage, woraus eine
Seitfallwende entwickelt werden kann. Mit dem Verlassen der Füße
von der Wand muß beim Brustschwimmen die Bauchlage eingenom-
men sein; der Anschlag erfolgt wie beim Delphinschwimmen. Der
Übergang zum Kraulschwimmen ist dann frei.

Das folgende Schema gibt einen Überblick über die Möglichkeiten von
Wenden zu den einzelnen Schwimmarten:

		Delphin	Rücken	Brust	Freistil
1. hohe Wenden	hohe Drehwende	X	X	X	X
	Seitfallwende	X	X	X	X
2. flache Wenden		— können in Rücken- und Bauchlage durchgeführt werden —			
3. tiefe Wenden	Rollwende				X
	Saltowende		X		

Wer schwimmen kann . . .

. . . ist gelegentlich sehr im Vorteil, vor allem, wenn ihm das Wasser einmal bis zum Halse stehen sollte.

Am dauerhaftesten hält sich jedoch über Wasser, wer im Geld schwimmen kann; er wird kaum je wieder auf dem trockenen sitzen.

Spiele im Wasser

Diese Spiele sollen lediglich Anregungen zu weiteren Variationen geben. Zu beachten ist, daß bei allen Staffelspielen möglichst kurze Distanzen zurückgelegt werden, um die Spiele interessanter zu gestalten.

1. *Ringtauchen:* Mehrere Tauchringe liegen auf dem Beckenboden. Wer holt mit einem Tauchgang die meisten Ringe?
2. *Kleiderstaffel:* Jede Mannschaft wird mit einem T-Shirt ausgerüstet, das der erste Schwimmer anzieht. Er muß es nach der geschwommenen Strecke dem nächsten übergeben.
3. *Transportstaffel:* Es werden zum Beispiel mehrere Schwimmbretter transportiert und im Ziel dem nächsten Schwimmer übergeben.
4. *Torwartparaden:* Der ‹Torwart› versucht, den ihm zugeworfenen Ball mit Sprung in der Luft zu erreichen.
5. *Wasserball* (mit selbst zusammengestellten Regeln)
6. *Massenwettschwimmen:* Zwei Mannschaften stehen sich gegenüber; der Raum ist seitlich zu begrenzen. Welche Mannschaft erreicht zuerst das Ziel? Es darf kein Rücken, Delphin oder Kraul geschwommen werden.
7. *Hahnenkampf:* Hüpfe mit vor der Brust verschränkten Armen auf einem Bein. Versuche, den Gegner umzustoßen.
8. *Mit dem Ball* durch die gegrätschten Beine *tauchen:* Die Mannschaft steht eng hintereinander. Ein Spieler taucht mit dem Ball von vorn durch die gegrätschten Beine. Nach dem Auftauchen muß der Ball über Wasser von Spieler zu Spieler nach vorn weitergegeben werden.
9. *Handstandlauf:* Wer kann im Handstand die größte Strecke zurücklegen?
10. *Wettlauf:* Wer ist zuerst an der anderen Seite? Die Hände werden dabei über den Kopf gehalten.

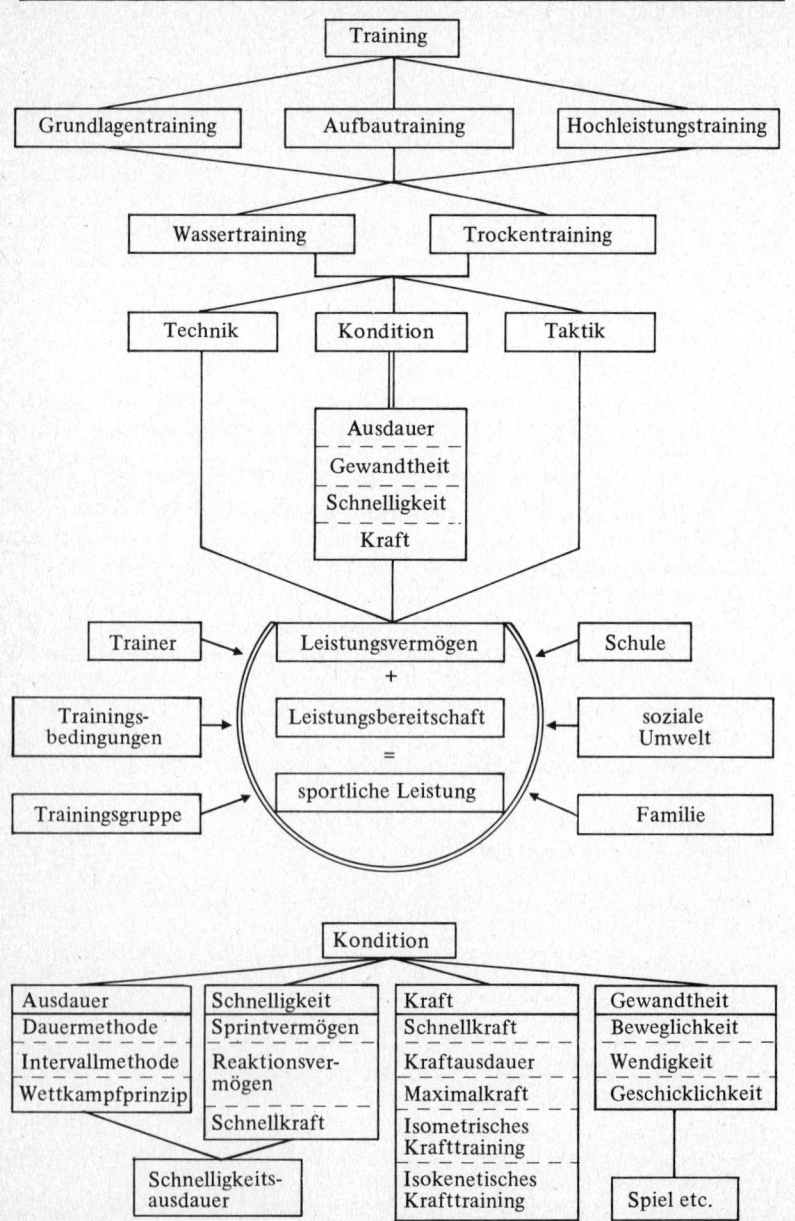

Training

Das Erlernen der Schwimmarten in ihrer Grobform zog ein Üben zum Festigen und weiteren Ausformen der Bewegungen nach sich. Dieses ging einher mit dem Finden zweckmäßiger Bewegungsformen und der damit verbundenen Fehlerkorrektur als Eigen- oder Fremdkorrektur. Beim Üben geht es in erster Linie um die Umsetzung einer formgerechten Technik im Rahmen einer ökonomischen Bewegung (d. h.: mit geringem Bewegungs- und Arbeitsaufwand maximale Ziele erreichen). Dabei sind Gewandtheit, Ausdauer, Schnelligkeit und Kraft wesentliche Inhalte. Zusammenfassend erreicht man bereits durch das Üben eine vielseitige körperliche Ausbildung. Diese ist Voraussetzung für ein systematisch angelegtes *Grundlagentraining* (GLT), dem ein *Aufbautraining* (ABT) bis hin zum *Hochleistungstraining* (HLT) folgt.

Im sportlichen Training versucht man, durch planmäßige Vorbereitung spezifische Reize auszulösen. Diese sind dann am wirkungsvollsten, wenn sie stufenförmig, sprunghaft in bestimmten Zeitabständen erhöht werden.

Die Leistungsfähigkeit in Training und Wettkampf setzt sich aus dem Leistungsvermögen und der Leistungsbereitschaft des Schülers zusammen. Das Ziel des Trainings heißt also: Steigerung der individuellen Bestleistung. Insofern muß ein erfolgreiches sportliches Training folgende Inhalte aufweisen: vielseitige körperliche Ausbildung, rechtzeitige Förderung der physischen Leistungsgrundlagen – insbesondere der Ausdauer, Kraft, Schnelligkeit und Gewandtheit –, Erlernen und Verbessern der Technik der Bewegungen sowie taktische Schulung.

Technik, Taktik und Konditionsschulung stehen dabei in engem Zusammenhang. Daß nicht alle Kriterien gleichzeitig trainiert werden können, ist selbstverständlich. Vielmehr müssen sie schwerpunktmäßig und eingedenk des Entwicklungsstandes des zu betreuenden Schülers oder der zu betreuenden Gruppe vom Trainer koordiniert werden.

Es ist kaum möglich, eine genaue Grenze zwischen GLT, ABT und HLT zu ziehen; sie verschiebt sich sukzessiv, je mehr die Trainings- und Wettkampfleistungen des Trainierenden steigen. Über das ABT werden die im GLT gewonnenen Fähigkeiten intensiver, umfangreicher und gezielter gefördert.

Es stellt sich speziell im GLT die Frage nach Ziel, Inhalt und Methoden, Beginn und Dauer. Als Ziel ist anzusehen, Grundlagen für das ABT und HLT zu schaffen, welches den letzten Abschnitt im Leistungsprozeß bildet. Der Beginn des GLT ist abhängig von dem Entwicklungsstand sowie der Einsatz-/Leistungsbereitschaft des Schwimmers. Das Training sollte möglichst früh aufgenommen werden, da nach medizinischen und psychologischen Erkenntnissen Höchstleistungen bereits in jungen Jahren erbracht werden können (siehe Kap. *Physiologie*, S. 170ff.).

Die Dauer eines GLT beträgt nach LEWIN (8) ca. 4 bis 6 Jahre. Entscheidend für die Dauer ist letztlich die individuelle körperliche und geistige Entwicklung, verbunden mit Trainingsvoraussetzungen und -bedingungen. Über allem darf auf gar keinen Fall die Persönlichkeit des einzelnen, gerade die der Kinder und Jugendlichen, vergessen werden. Insofern müssen folgende Forderungen das Training bestimmen:

1. Berücksichtigung altersgemäßer Strukturen (keine psychische und physische Überforderung).
2. Ein Training muß ein hohes Maß an Abwechslung bieten.
3. Es muß dem Sportler genügend Selbständigkeit bei führender Rolle des Trainers gelassen werden.
4. Es müssen gruppendynamische Prozesse berücksichtigt werden; ein Sportler sollte nicht allein trainieren, da es in der Gruppe wesentlich leichter ist, Anstrengungen und Intensitätserhöhungen auf sich zu nehmen.
5. Das Gruppentraining muß soweit wie möglich personelle Besonderheiten berücksichtigen und systematisch geplant sein.
6. Es sind Trainingshefte etc. zu führen, die eine Leistungs- und Trainingskontrolle ermöglichen.
7. Es müssen Tests durchgeführt werden, um die Wirkungsweise bestimmter Trainingsprozesse in den verschiedenen Trainingsperioden zu überprüfen.

Da der gesamte Bewegungsapparat, die Muskulatur, der Kreislauf sowie das zentrale und vegetative Nervensystem in der Wachstumsphase ständigen Veränderungen unterworfen sind, kann eine harmonische

Entwicklung nur dann gewährleistet sein, wenn die Reize so gesetzt werden, daß sie zu einer allseitigen Beanspruchung führen. Danach erst sollte die spezielle Ausbildung an Umfang und Intensität zunehmen.
Der Hauptanteil der ersten Trainingsjahre ist der technischen Weiterentwicklung der Schwimmbewegungen, dem Erlernen von komplexen und schwierigen Starts und Wenden, der Dehnung und Lockerung der Muskulatur sowie ihrer Kräftigung durch Gymnastik mit dem eigenen Körpergewicht vorbehalten. Abgestimmt auf Alter und Fähigkeiten, gelten folgende Grundsätze für das Training:
1. Schwimme nicht zu lange Strecken,
2. variiere die Aufgaben,
3. erlerne erst die Technik,
4. steigere später den Umfang und
5. dann erst die Intensität.
Je länger und damit eintöniger die Strecke, desto langweiliger ist das Training mit vorzeitiger Ermüdung und Lustlosigkeit. Folge ist, daß man nicht mehr gern zum Training geht.
Parallel mit der Technikentwicklung verläuft die Ausdauerentwicklung. Überhöhte Anforderungen führen leicht zur Verfestigung von falschen Bewegungen. Die Streckenlänge sollte deswegen immer dem technischen Können des Schwimmers angemessen sein.

Ausdauer

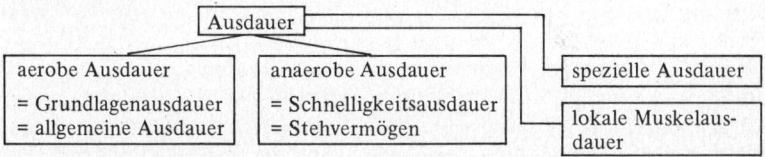

Man versteht unter Ausdauer die Fähigkeit, über einen möglichst langen Zeitraum eine Tätigkeit oder Arbeit (Belastung) ohne Ermüdung bzw. Erschöpfung auszuführen. Sie wird bestimmt durch die Qualität
1. des Herz-Kreislauf-Systems,
2. des Stoffwechsels,
3. des Nervensystems und
4. von der Koordination aller Organe und Systeme des Körpers.
Entscheidend bleibt aber der ökonomische Bewegungsablauf.
Man unterscheidet die aerobe von der anaeroben Ausdauer. Die *aerobe Ausdauer* bildet die Grundlage aller (schwimmerischen) Leistungen; hier besteht zwischen der Sauerstoffaufnahme und dem zur Energiegewinnung notwendigen Sauerstoffverbrauch ein Gleichgewicht. Die aerobe Ausdauer wird in der Trainingssprache auch mit «Grundlagenausdauer» oder «allgemeine Ausdauer» bezeichnet.

Bei der *anaeroben Ausdauer* ist der Sauerstoffbedarf größer als die Sauerstoffzufuhr. Diese Mangelerscheinung nennt man Sauerstoffschuld. Die Energiegewinnung erfolgt in einem solchen Fall – jedoch nicht zeitlich unbegrenzt – durch andere Prozesse im Körper. Spätestens nach vollbrachter Leistung wird die Sauerstoffschuld wieder ausgeglichen.

Für die anaerobe Ausdauer sind in der Trainingssprache ferner die Begriffe *Schnelligkeitsausdauer* und *Stehvermögen* geläufig. Sie haben als Basis die *Grundlagenausdauer* (aerobe Ausdauer). Eine besondere Rolle spielt die *lokale Muskelausdauer*. Sie wird trainiert durch Schwimmen von nur Armzug oder nur Beinschlag. Die *spezielle Ausdauer* ist zu verstehen als besondere Ausdauer für eine bestimmte Wettkampfdisziplin, zum Beispiel 100 m Delphinschwimmen oder 1500 m Freistil.

Da Schwimmen ein ausgesprochener Ausdauersport ist, wird der Untrainierte neben der Technik besonders die Ausdauer (Grundlagenausdauer) trainieren müssen, die ihn befähigt, seinen Körper gleichbleibend schnell über eine längere Strecke zu bewegen. Erst dann werden Schnelligkeitsausdauer und Schnelligkeit trainiert.

Je besser die Grundlagenausdauer ist, desto schneller erholt man sich und desto schneller ist man wieder leistungsbereit. Bei einem Wettkampf, wo mehrere Starts an einem Tag zu absolvieren sind, ist dies besonders wichtig. Die Schwierigkeiten im täglichen Training bestehen nun darin, die Grenzen zwischen aerob und anaerob zu erkennen bzw. genau zu bestimmen.

Kontrollen über die Trainingsauswirkungen bieten Tests sowie Wettkämpfe. Auch die Pulskontrolle gibt einige Auskünfte über die richtige Anwendung der Trainingsform. Um diese wirksam einzusetzen, empfiehlt es sich, das Zählen der Pulsschläge mit den Sportlern vor dem Training zu üben. Die Zählzeit sollte dabei z. B. 10 Sekunden betragen.

Trainingsmethoden des Ausdauertrainings sind

1. die Dauermethode,
2. die Intervallmethode und
3. das Wettkampfprinzip.

Trainingsformen der Dauermethode sind u. a. das Dauerschwimmen, Atemrhythmusschwimmen, Waldlauf von mehr als 30 Minuten Dauer, Radfahren, Skilanglauf, alpiner Skilauf, Rudern oder Paddeln. Trainingsformen der Intervallmethode sind u. a. das variationsreiche Intervallschwimmen, Wechselschwimmen, Fahrtspiel sowie das Steigerungsschwimmen.

Über das *Wettkampfprinzip* sollen ausschließlich wettkampfspezifische Ausdauerfähigkeiten entwickelt werden. Technik und Frequenz der Bewegungen sowie psychologische Einstellung müssen der Wettkampfsituation entsprechen. Entscheidend ist das Trainieren taktischer Konzepte. Diese Trainingsform setzt bereits ein hohes Maß an Leistungsfähigkeit voraus.

Welche Trainingsmittel im einzelnen anzuwenden sind, hängt immer von dem Ziel oder von der Periodisierung ab. Im GLT ist zum Beispiel das Ziel, die Grundlagenausdauer mittels aeroben Trainingsformen zu verbessern. Prinzipiell werden langandauernde, mäßige Belastungsreize gesetzt mit anfangs geringen anaeroben Akzenten.

1. Dauermethode

Für das Training im Wasser eignet sich besonders das *Dauerschwimmen* mit einer Streckenlänge von 1 bis 3 km bei mittlerer Belastung bei einem Puls von 140 bis 180. Der Trainingseffekt ist die Verbesserung der Grundlagenausdauer (aerobe Ausdauer) sowie die Koordination der Bewegungen. Variationen innerhalb des Dauerschwimmens sind: eine Zeiteinheit (z. B. 30 Min.) setzen oder die Zeiteinheit mit einer Meteranforderung verbinden (z. B. 1500 m in 30 Min.). Beim *Atemrhythmusschwimmen* wechselt die Atemfrequenz auf Teilstrecken. Beispiel: 1000 m Brustschwimmen im 1er-, 2er- und 3er-Zug, dann entweder wieder zurück oder von vorn beginnen; der Wechsel kann alle 25 m erfolgen. Das organische Leistungsvermögen wird gesteigert, die Koordination des Bewegungsablaufs geschult.

Trainingsformen, die zwischen der Dauer- und der Intervallmethode stehen, sind 1. Wechseltraining, 2. Fahrtspiel und 3. Steigerungsschwimmen.

Alle drei Variationen werden mit wechselnder Belastung geschwommen.

Im *Wechseltraining* wird der Wechsel zwischen schnellerem und langsamerem Schwimmen von vornherein festgelegt. Beispiel: 1000 m, davon 25 m schnell – 25 m langsam oder 50 m schnell – 50 m langsam. Zusatzaufgaben beim langsameren Schwimmen durch technische Variationen sind möglich.

Das *Fahrtspiel* ist ein individuelles Spiel mit der Schwimmgeschwindigkeit. Der Übende kann selbst bestimmen, wann, wie oft und wie lang er die Teilstrecken mit unterschiedlicher Geschwindigkeit absolvieren will. Hierbei können taktische Varianten, etwa ein Spurt vor der Wende oder aus der Wende heraus, geübt werden. Der Nachteil dieser Trainingsform besteht darin, daß man relativ viel Raum benötigt, damit jeder entsprechend variieren kann.

Das *Steigerungsschwimmen* beinhaltet immer ein stetiges Erhöhen der Geschwindigkeit innerhalb einer bestimmten Strecke. Ziel ist, ein Nachlassen der Geschwindigkeit gegen Ende einer Wettkampfstrecke zu verhindern, indem die letzten Meter bewußt trainiert werden.

2. Intervallmethode

Das Training mittels Intervallmethode wird bestimmt durch den Wechsel von Belastung und passiver Pause. Dabei kommt es je nach den gestellten Anforderungen zu verschiedenen Trainingsauswirkungen – entweder zu Grundlagen- oder Schnelligkeitsausdauer.

Die Variationen der Intervallmethode lassen sich nach dem DIRT-System von COUNSILMAN (2.1) zusammenfassen. Dabei bedeuten: D = Distanz oder Belastungsdauer, I = Intervall oder Pausendauer, R = Repetition oder Wiederholungszahl der Belastungen, T = Time; die zu schwimmende Zeit bei einzelnen Wiederholungen. Jeder Baustein kann darin verändert werden, womit sich dann auch die Trainingswirkung ändert.

Merke

1. Die Zahl der Wiederholungen nimmt mit der Belastungsdauer ab (je länger die Strecke, desto geringer die Wiederholungszahl).
2. Geringe Intensität (T) zieht hohe Wiederholungszahlen nach sich.
3. Geringe Wiederholungszahlen bei submaximaler Belastung haben lange Pausen zur Folge.

Wird überwiegend Grundlagenausdauer trainiert, gelten für dieses System folgende Werte:

D = zwischen 50 und 400 m (nicht länger als die Wettkampfstrecke)
I = keine vollständige Erholung, Pause zwischen 30 Sek. und 1 Min.
R = je nach Streckenlänge bis zu 50 Wiederholungen
T = ca. 20 bis 30 % über der Durchschnittszeit einer Wettkampfstrecke oder 50 bis 70 % der maximal möglichen Belastung

Beispiel eines Grundlagenausdauertrainings (aerober Bereich):
Ein 400-m-Freistilschwimmer mit einer Bestzeit von 5 Min. hat folgende Durchschnittszeiten: 2:30 (200 m), 1:15 (100 m), 37,5 Sek. (50 m)

R		D	T	I
5	×	400	6:00	1 Min.
10	×	200	3:00	50 Sek.
20	×	100	1:30	40 Sek.
40	×	50	45 Sek.	30 Sek.

Eine 200-m-Brustschwimmerin hat eine Bestzeit von 2:52 Min. Die Durchschnittszeiten sind 1:26 (100 m), 43 Sek. (50 m).

R		D	T	I
10	×	200	3:26 Min.	1 Min.
20	×	100	1:43 Min.	45 Sek.
40	×	50	51 Sek.	30 Sek.

Solche Beispiele sind auch unter dem Begriff *Mengentraining* (große Wiederholungszahlen, kurze und unvollständige Pausen) zu finden.

Bei der ‹progressiven Menge› sind Wiederholungszahl, Strecke und Pause festgelegt und bleiben konstant.

Beispiel: 10 × 100 m mit einer Minute Pause. Die Aufgabe besteht darin, jede Wiederholung schneller zu schwimmen. Die Steigerungsraten werden vorher festgelegt; sie können linear sein. Hierbei wird in besonderem Maße das Gefühl für Zeit und Geschwindigkeit vermittelt sowie das progressive Schwimmen im Wettkampf geübt. Diese Art, einen Wettkampf zu schwimmen, führt meistens zum Erfolg; Wettkampfbeobachtungen [SATORI u. a. (12.2)] belegen dieses eindeutig. Angewendet wird es bei Wettkampfstrecken von 200 m und länger. Eine zunehmende Geschwindigkeit ist also Voraussetzung, wobei das zweite Teilstück schneller geschwommen wird als das erste.

Weitere Trainingsformen der Grundlagenausdauer sind die *Pyramide* und die *Lokomotive*, welche als Variation des Wechseltrainings anzusehen sind. Beispiel: 25 – 25, 50 – 50, 75 – 75 m im Wechsel schnell–langsam. Diese Form kann entweder zunehmend, abnehmend oder steigend–fallend angewendet werden. Sie wird insgesamt bei mittlerer Belastung im festgelegten Wechsel ohne Pause geschwommen. Die Pyramide ist mehr der Intervallmethode zuzurechnen, da hier die Pausengestaltung passiv ist. Beispiel: 25 – 50 – 75 – 100 – 75 – 50 – 25 m (Pause: unvollständig). Die Teilstrecken stellen also die Belastung dar und werden mit mittlerem oder hohem Tempo (je nach gewünschter Wirkung) geschwommen. Nach jeder Teilstrecke erfolgt eine Pause. Eine Steigerungsmöglichkeit wäre: 6 × 25 – 4 × 50 – 2 × 75 – 1 × 100 – 2 × 75 – 4 × 50 – 6 × 25 m. Die Pausen bei den Wiederholungen und zwischen den Serien sind passiv.

Training der lokalen Muskelausdauer

Eine Verbesserung der lokalen Muskelausdauer der Arme ist durch das Armzugschwimmen möglich. Hierbei können zusätzliche Erschwerungen angewendet werden, zum Beispiel paddels für die Hände, ein senkrecht unter dem Bauch gebundenes Brett, ein Vollgummischlauch oder auch ein normaler kleiner Schlauch um die Fesseln.

Der Beinschlag wird beim Brust- und Kraulschwimmen mit einem Schwimmbrett durchgeführt. Zusätzliche Belastungen sind über senkrecht in das Wasser gehaltene Bretter oder Flossen, durch Partnerschieben oder Beinschlagübungen, bei denen die Hände auf dem Po ruhen, möglich. – Beim Delphinschwimmen hingegen empfiehlt es sich auf gar keinen Fall, am Schwimmbrett den Beinschlag auszuführen, da die Belastung für die Lendenwirbel zu groß ist und es leicht zu Schäden an der Wirbelsäule kommen kann.

Zum Training des Rückenbeinschlags sollten die Arme gestreckt vor den Kopf gelegt und Flossen verwendet werden.

Das Training der lokalen Muskelausdauer kann an Land mit speziellen Trockenübungen fortgesetzt werden.

Gewandtheit

Unter Gewandtheit verstehen wir die Summe aus Beweglichkeit, Wendigkeit, Geschicklichkeit, Bewegungskoordination und deren Kombination. Die Gewandtheit sollte bereits im frühen Schulalter mit Hilfe ‹kleiner Spiele› (Slalomlauf mit und ohne Ball usw.) gefördert werden. Dabei helfen auch die unter Schnelligkeit (Reaktionsvermögen, S. 139f.) zusammengefaßten Aufgaben.

Wichtig für das Schwimmen ist die Bewegungskoordination. Hier bieten sich besonders solche Übungen an, die nur im Wasser trainiert werden.

Sogenannte Kombinationsübungen stellen eine Verbindung von zwei Schwimmarten dar, zum Beispiel Brustarmzug–Kraulbeinschlag oder Kraularmzug–Delphinbeinschlag. Diese Übungen bieten dem Anfänger in erster Linie eine Trainingsabwechslung und dienen nicht zuletzt einer schwimmartspezifischen Rhythmusschulung. Sie eignen sich außerdem als Entspannungs- und Erholungsübungen zwischen Belastungen mit aktiver Pause und sind somit ein wichtiger Bestandteil des Trainingsprogramms.

Besonderes Gewicht kommt der Beweglichkeit zu, die mit Bewegungsmöglichkeit der Gelenke nach allen Seiten hin definiert werden soll. Sie ist Voraussetzung zur Entwicklung der Kraft, Schnelligkeit, Ausdauer und Gewandtheit, verhindert Verletzungen und beeinflußt die Qualität der Bewegungsausführung. Eine gewisse Dehnfähigkeit der Muskulatur muß freilich gewährleistet sein.

Das Testen der *Beweglichkeit* läßt sich sehr leicht an folgenden Übungen kontrollieren:

1. Stand auf dem Kasten, mit den Händen so weit wie möglich nach unten über den Kastenrand hinausgreifen.
2. Ein Handtuch wird mit beiden Händen gefaßt und mit gestreckten Armen über den Kopf rückwärts und vorwärts bewegt. Je enger man faßt, desto schwieriger wird die Armdrehung. An einem markierten Stab lassen sich Verbesserungen kontrollieren.

Die *Gewandtheit* testet man über eine Kombination verschiedener Übungen mit verschiedenen Aufgaben, die wie folgt zusammengestellt sind.

Rundlauf für Gewandtheit:

Stoppe Zeit und trage sie in die Leistungskarte ein.

Der Start erfolgt vor der Matte.

1. Judorolle auf der Matte: einmal über die rechte Schulter, dann über die linke Schulter
2. Bank überspringen
3. Bank unterkriechen

4. Ball umlaufen, ohne ihn zu berühren
5. Stangen in Pfeilrichtung umlaufen
6. beidbeiniges Hüpfen durch Gymnastikreifen
7. Stangen in Pfeilrichtung umlaufen
8. Ball umlaufen
9. Bank überspringen
10. Bank unterkriechen
11. Judorolle auf der Matte: einmal über die rechte Schulter, dann über
    die linke Schulter
Ziel: Stand hinter der Matte

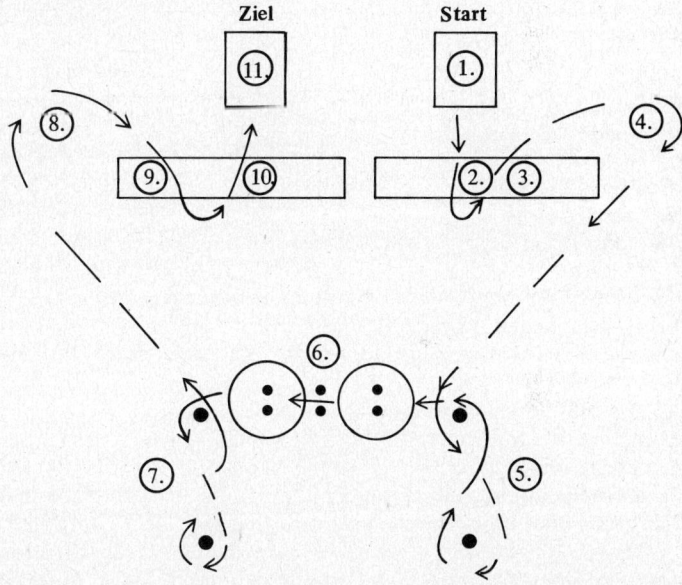

Auch wenig Trainingszeit sollte den Aspekt der Vielseitigkeit nicht ausschließen, sondern geradezu animierend wirken.

Schnelligkeit

Schnelligkeit ist die Fähigkeit, sich mit höchstmöglicher Geschwindigkeit fortzubewegen. Sprintvermögen (Grundschnelligkeit), Schnellkraft und Reaktionsvermögen werden im Rahmen der Schnelligkeit trainiert. Schließlich ist die Schnelligkeitsausdauer (anaerobe Ausdauer) von Bedeutung. Sie wird mittels Intervall- und Wiederholungstraining gefördert. Die Schnelligkeitsausdauer (auch Stehvermögen genannt) stellt eine hohe psychische und physische Anforderung an den Athleten dar und sollte deshalb anfangs in bescheidenem Umfang in das Training aufgenommen und dann langsam gesteigert werden. Als Basis zum Schnelligkeitsausdauertraining gilt das aerobe Ausdauertraining (Grundlagenausdauer).

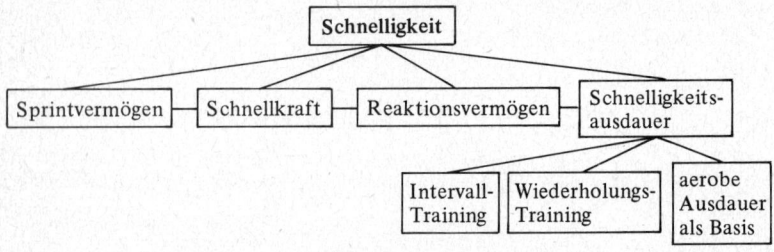

Sprintvermögen (Grundschnelligkeit)

Für das Wassertraining bieten sich folgende Übungen an:
1. Sprints über kurze Distanzen (max. 25 m)
2. paarweises Schwimmen, wobei jeweils ein Schwimmer die Tempowechsel angibt
3. das 2er- und 3er-Schwimmen
4. Tempowechsel auf Zeichen
5. Wechseltraining

Zu 2.: Zwei Sportler schwimmen nebeneinander. Einer von beiden hat die Aufgabe, über eine Strecke von zum Beispiel 25 m Tempowechsel unrhythmisch einzuleiten. Ziel ist es, seinen Partner durch schnelles Antreten zu überlisten und ihm fortzuschwimmen. Dieser muß sofort auf den Antritt reagieren und versuchen mitzuhalten. Die Sprintstrecke sollte 5 bis 10 m betragen. Auch zu dritt läßt sich diese Form durchführen, wobei der mittlere die Tempowechsel bestimmt. Taktische Varianten können ebenfalls geübt werden.

Zu 3.: Hier schwimmen 2 oder 3 Trainierende hintereinander in langsamem Tempo. Der letzte Schwimmer hat die Aufgabe, den/die vor ihm liegenden mit hoher Geschwindigkeit zu überholen. Ist er an der Gruppe vorbeigeschwommen, sprintet der letzte. Wichtig ist bei dieser Form, daß die Überholten wirklich langsam schwimmen, da sonst die Sprintstrecke zu lang wird.

Zu 4.: Tempowechsel auf ein Zeichen des Trainers hin beinhalten einen

unregelmäßigen Wechsel von Schwimmen mit langsamer und mit maximaler Geschwindigkeit.
Zu 5.: Das Wechseltraining (siehe auch «Ausdauertraining») wird in langsamer und maximaler Geschwindigkeit geschwommen. Die maximale Geschwindigkeit sollte nicht über 12 bis 15 m gehen.
Vermehrtes Sprinttraining führt zu einem besonderen Reiz der Muskulatur und bewirkt somit eine Größenzunahme (Hypertrophie) und auch eine Vermehrung der Muskelkraft. Zu häufiges und übertriebenes Sprinttraining führt allerdings zu einer zu starken Hypertrophie, die beim Schwimmen hinderlich ist und zu einer schlechten Technik beiträgt.

Reaktionsvermögen
Das Reaktionsvermögen läßt sich nur sehr schwer verbessern, da es anlagebedingt ist; dennoch läßt es sich schulen. Zum raschen Erfassen situationsbedingter kurzzeitiger Veränderungen eignen sich folgende Übungen:
1. Schwimmsprints über wenige Meter
2. Laufsprints aus verschiedenen Positionen (Rückenlage, Bauchlage, Seitenlage, Sitz usw.)
3. Laufen in verschiedenen Richtungen, die gekennzeichnet sind (z. B. durch Zahlen)
4. Ballprellen auf engem, abgegrenztem Raum in einer Gruppe
5. alle Arten von Sportspielen
6. Boxen am Punchingball
7. Skilauf
Zu 1.: Schwimmsprints über wenige Meter können mit Zeitkontrolle durchgeführt werden; dabei sind alle Startphasen zu beachten.
Zu 2.: Laufsprints mit verschiedenen Ausgangspositionen. Sie werden stets von einem Startzeichen ausgelöst.
Zu 3.: In einer Turnhalle werden die Wände mit verschiedenen Zahlen versehen (1 bis 4); die Gruppe steht in der Mitte der Halle. Bei Rufen einer Zahl oder auf einen bestimmten Pfiff hin muß zur entsprechenden Wand gelaufen werden. Wer erreicht sie zuerst?
Zu 4.: Ballprellen (am besten mit Gymnastikbällen) wird auf engem Raum mit wechselnden Aufgaben durchgeführt.
Zu 5.: Sportspiele aller Art fördern nicht nur die Beweglichkeit, Wendigkeit und Geschicklichkeit, sondern auch das Reaktionsvermögen (besonders Basketball, Volleyball, Tischtennis usw.). Das körperlose Spiel ist besonders zu berücksichtigen.
Zu 6.: Boxen am Punchingball bietet sich deshalb an, weil hierbei ein hohes Maß an Geschicklichkeit und Reaktionsvermögen notwendig ist.
Zu 7.: Technisch richtiges Skilaufen fördert neben der allgemeinen

Ausdauer auch das Reaktionsvermögen (z. B. Ausgleichen von Boden-
wellen) und Konzentrationsvermögen. Mangelnde Konzentration ist
meistens gleichbedeutend mit einem Sturz. Die Verletzungsgefahr ist
bei einer vielseitigen körperlichen Grundausbildung und kontrollier-
tem Fahren gering.

Schnellkraft

Die Schnellkraft, auf die wir beim Start und auch bei der Wende
angewiesen sind, trainieren wir mit:
1. Sprungübungen an Land
2. Startsprünge
3. Unterwasserabstoß mit Zeitmessung

Sprungübungen an Land gehören unbedingt zum Trainingsprogramm;
sie sollten aus der mittleren Hocke ausgeführt werden, die der Startstellung (der Absprungstellung) ungefähr entspricht.

Startsprünge und Unterwasserabstöße sollten immer wieder geübt und
trainiert werden. Eine Leistungskontrolle sollte dabei nicht fehlen. Der
Schwimmer bekommt die Aufgabe, nach dem Startsprung in möglichst
kurzer Zeit weit zu gleiten. Gestoppt wird die Zeit vom Lösen der Füße
vom Startblock bis zum Stillstand beim Gleiten. Damit wird gleichzeitig
die Gleitfähigkeit und die Körperhaltung unter Wasser korrigiert.

Für den Unterwasserabstoß bietet sich besonders das Lehrschwimmbecken an, in dem auf einer Querbahn trainiert wird. Gemessen wird
die Zeit vom Lösen der Füße bis zum Anschlag auf der gegenüberlie-
genden Seite. Der Unterwasserabstoß zählt aufgrund des Wasserwiderstandes nur bedingt zu den schnellkräftigen Bewegungen.

Schnelligkeitsausdauer

Die wichtigsten Formen des Schnelligkeitsausdauertrainings sind:
1. Intervalltraining mit hoher Belastungsintensität
2. Wiederholungstraining
3. Wiederholung von gebrochenen Serien
4. ‹Broken› (gebrochene Strecke)

Zu 1.: Als sehr hohe Belastung ist das Intervalltraining mit einer Intensität von 90 Prozent anzusehen. Das Training der anaeroben Ausdauer
steht im Vordergrund.

Beispiele:
1. Ein 400-m-Freistilschwimmer mit einer Bestzeit von 5 Min. hat
   folgende Durchschnittszeiten: 2 : 30 (200 m), 1 : 15 (100 m), 37,5
   Sek. (50 m)

R	D	T	I
5	× 400 m	5 : 30 Min.	1 Min.
10	× 200 m	2 : 35 Min.	50 Sek.

20   × 100 m   1 : 22 Min.   40 Sek.
40   × 50 m   41 Sek.   30 Sek.
2. Eine 200-m-Brustschwimmerin mit einer Bestzeit von 2 : 52 Min. hat demnach folgende Durchschnittszeiten: 1 : 26 (100 m), 43 Sek. (50 m)

R	D	T	I
10	× 200	3 : 10	1 Min.
20	× 100	1 : 35	45 Sek.
40	× 50	47 Sek.	30 Sek.

Zu 2.: Im Wiederholungstraining dienen die Pausen der vollständigen Erholung, wobei der Puls unter 100 sinkt. Die Intensität der Belastung ist maximal. Der Puls steigt dann auf 180 und höher. Die Zahl der Wiederholungen liegt zwischen 4 bis 8.

Wird die Geschwindigkeit konstant gehalten, so muß sie mindestens über der Durchschnittsgeschwindigkeit liegen oder 90 Prozent der maximalen Leistungsfähigkeit übersteigen. Als Streckenlänge sollten minimal 50 m und maximal 200 m gewählt werden.

Beispiel:
4 × 100 m in 1 : 10 bis 1 : 11, ca. 5 Min. Pause (Puls unter 100)
Jede Wiederholung beginnt mit einem Start.

Zu 3.: Eine Variation zum Wiederholungstraining ist zum Beispiel das Aufteilen der Wettkampfstrecke bei mehreren Serien; sie fördert in extrem hohen Maße die anaerobe Ausdauer. Bei Kindern ist sie mit größter Sorgfalt und erst nach längerer Vorbereitung anzuwenden. Für die Teilstrecken können besondere Aufgaben gestellt werden.

Beispiel:
1. 4 × 4 × 50 Serienpause: vollständige Erholung (aktiv/passiv)
2. 4 × 75 – 50 – 25 – 50 m: zusätzlich wird die 3. Teilstrecke der Wettkampfdistanz (hier 200 m) trainiert
Die Endzeiten sollen konstant bleiben, wenn nicht sogar gesteigert werden.

Zu 4.: Bei einem ‹Broken› (gebrochenen Schwimmen) gliedert sich die Wettkampfstrecke in Teilstrecken, die mit maximalem Tempo geschwommen werden. Es ist als eine Testmethode für den Wettkampf anzusehen. Die Endzeit unter Abzug der Pausen muß unter der persönlichen Bestleistung liegen; die Pausen werden zwischen 5 und 10 Sekunden festgesetzt.

Das Schnelligkeitsausdauertraining stellt hohe Anforderungen an die Leistungsfähigkeit. So reichen meistens keine 24 Stunden aus, um sich von solch einem Training zu erholen. Zur totalen Regeneration und erneuter Wettkampfbereitschaft bedarf es bis zu einer Woche.

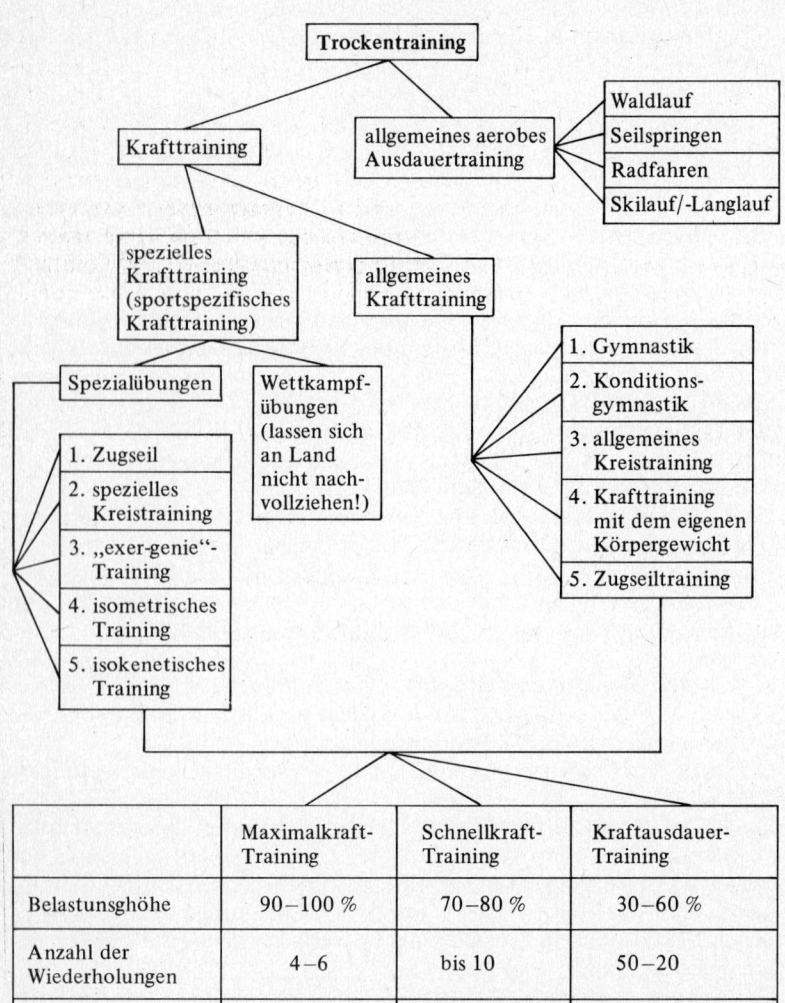

	Maximalkraft-Training	Schnellkraft-Training	Kraftausdauer-Training
Belastunsghöhe	90–100 %	70–80 %	30–60 %
Anzahl der Wiederholungen	4–6	bis 10	50–20
Serienpause	bis 5 Min.	bis 3 Min.	45 Sek. – 2 Min.

Trockentraining

Ziel des Trockentrainings ist, im Übergang zum ABT und HLT ein möglichst hohes Niveau an allgemeiner aerober Ausdauer sowie Kraftausdauer zu erreichen. Nach LETZELTER (7) ist folgende Einteilung des Krafttrainings möglich:

1. Unter allgemeinem Krafttraining wird die vielseitige und harmonische Kräftigung (maximal-, schnell- und ausdauerkräftigend) verstanden.

2. Unter speziellem Krafttraining ist die Kräftigung disziplinbezogener Muskelgruppen oder auch die Schulung durch bewegungsverwandte Übungen bzw. durch die Wettkampfübung selbst zu verstehen.

Das allgemeine Krafttraining vereinigt also alle Komponenten, die im GLT gefordert werden. Spezialübungen und Wettkampfübungen sind Trainingsmittel des speziellen Krafttrainings, das auch sportartspezifisches Krafttraining genannt wird.

Häufig ist eine klare Trennung nicht möglich, etwa beim Zugseiltraining, mit dem sowohl spezielle als auch allgemein entwickelnde Übungen trainiert werden können.

Das allgemeine Krafttraining wird in den ersten Jahren besonders betont. Später werden Spezialübungen angewendet und erst dann die Maximalkraft trainiert. Absolut falsch ist es, ohne längerfristige gymnastische Vorbereitung mit Zusatzgewichten zu arbeiten. Spezialübungen trainieren die Hauptantriebsmuskeln.

Die Bauch- und Rückenmuskulatur wird im Rahmen des allgemeinen Krafttrainings behandelt, da sie zwar die Schwimmbewegungen unterstützt, sie jedoch nicht wie die Hauptantriebsmuskeln verursacht.

Mitentscheidend für die Wirkung des Krafttrainings ist ein richtiges Verhältnis zwischen Wasser- und Trockentraining.

1. Gymnastik

In der Gymnastik wird mit vorgegebenen Wiederholungszahlen, mit vorgegebener Belastungszeit oder mit der Kombination aus beiden Möglichkeiten gearbeitet. Da Schwimmen ein hohes Maß an Rhythmusgefühl verlangt, ist es ratsam, die Gymnastik mit Musik zu untermalen. Bei der Auswahl der Musik sollte ein Rhythmuswechsel beachtet werden; denn auch im Wettkampf ist es manchmal erforderlich, den Rhythmus seiner Schwimmbewegung zu wechseln.

Inhalt der Gymnastik muß sein:

1. die Beweglichkeit in Rumpf, Schulter und Hüfte zu schulen
2. die Dehnfähigkeit aller Gelenke zu verbessern, um eine Bewegung locker ausführen zu können

Bei der Zusammenstellung eines Trockentrainingsprogramms emp-

fiehlt sich nach BRUNNER (12) folgende Gliederung:
  4 Übungen für Schultergürtel und Armmuskulatur
  1 Übung für die Bauchmuskulatur
  1 Übung für die Rückenmuskulatur
  2 Übungen für die Bein- und Gesäßmuskulatur.
Es ist sinnvoll, dieses System im großen Rahmen beizubehalten, da es
den Schwimmbewegungen gerecht wird. Natürlich kann es individuelle
Verschiebungen geben; so wird ein Brustschwimmer zum Beispiel besonderes Gewicht auf Übungen für die Bein- und Fußgelenkstrecker
legen.

2. Konditionsgymnastik
Hier werden anfangs wenige, später mehrere (4 bis 8) gymnastische
Übungen ausgewählt, die zum Beispiel bei 10 Wiederholungen mit
hoher Geschwindigkeit ohne Pause hintereinander durchgeführt werden. Nach einer Pause von 3 bis 6 Min. (ähnlich dem Wiederholungstraining) kann eine neue Serie beginnen. Bei der Zusammenstellung
der Übungen ist folgendes zu beachten:
1. Belaste nicht direkt hintereinander die gleichen Muskeln.
2. Wähle Übungen zur Kräftigung der Arm-, Rücken-, Bauch- und
   Beinmuskulatur.
3. Wähle erst einfache, später komplexe Übungen.

3. Zirkeltraining (Circuittraining oder Kreistraining)
Ein besonders effektives Mittel zur Kraftausdauerschulung ist das Circuittraining, das 1953 in England von MORGAN und ADAMSON entwik-
kelt wurde. Es steigert zudem Sauerstoffaufnahme, Herz-Kreislauftä-
tigkeit, Leistungsbereitschaft, Muskelkraft, Schnelligkeit, lokale Muskelausdauer und Koordinationsvermögen.

Die Belastungszeit im Circuittraining sollte anfangs 15 Sekunden nicht überschreiten. Erst nach Festigung der Belastung empfiehlt sich eine Steigerung bis zu 30 Sekunden. Die Pausendauer zwischen den einzelnen Stationen bzw. Übungen beträgt immer 30 Sekunden. Anstatt der Belastungszeit kann auch die Anzahl der Wiederholungen von vornherein festgelegt werden. Der besondere Vorteil des Circuittrainings gegenüber anderen Trainingsformen besteht darin, daß alle Trainingsteilnehmer ohne Leerlauf beschäftigt werden können.

In regelmäßigen Abständen zwischen 4 und 6 Wochen ist ein Maximaltest durchzuführen. Dieser muß immer unter den gleichen Voraussetzungen stattfinden, damit eine vergleichbare Basis zu anderen Maximaltests möglich wird. Ferner soll es Aufschluß über den individuellen Leistungsstand geben.

Nachfolgend ein Beispiel zum allgemeinkräftigenden Kreistraining mit Hilfsmitteln (Bank, Sprossenwand, Medizinball), das sowohl einfache als auch komplexe Übungen enthält. Die Belastungszeit beträgt 30 Sek., die Pause ebenfalls 30 Sek., die Wiederholungen sollen mitgezählt werden. Das Gesamtergebnis wird in eine Leistungskarte eingetragen.

1. Arme: Liegestütz, Füße auf einer Bank
2. Beine: gleichzeitiges seitliches Überhüpfen einer Bank
3. Rücken: Bauchlage, Fersen unter Sprossenwand, Hände im Nakken, Oberkörper hoch aufrichten
4. allgemein: Schrittwechselhüpfen, Medizinball fortlaufend beidhändig in Überkopfhöhe an die Wand werfen
5. Bauch: Rückenlage, Füße unter Sprossenwand, Hände im Nacken, aufrichten und beugen bis auf die Knie und nach hinten ablegen, Beine gestreckt lassen
6. Arme: wechselseitiges Stoßen eines Medizinballes gegen die Wand
7. Beine: wechselseitiges schnelles Aufsteigen auf einen kleinen Kasten, Aufsteigen durch Streckung des oberen Beines und über dem Kasten Beinwechsel
8. Rücken: Bauchlage im Abstand von 1 bis 2 m mit dem Gesicht zur Wand, Oberkörper anheben, beidhändig Medizinball an die Wand werfen
9. Bauch: Rückenlage, Medizinball im Nacken, Aufrichten bis zur Senkrechten
10. allgemein: wechselseitiges Anhocken der Beine aus dem Liegestütz

4. Training mit dem eigenen Körpergewicht
Liegestütz, Klimmzüge, Seilklettern, Beugestütz im Barren usw. sowie ein Training mit leichten Fremdgewichten (z. B. Medizinball) ist ein erstes Krafttraining.

5. Zugseiltraining
Werden mit dem Zugseil allgemein kräftigende Übungen ausgeführt,
also solche Bewegungen, die in ihrem Ablauf nicht einer Schwimmbewegung zuzuordnen sind, so handelt es sich um ein allgemeines Krafttraining (s. unten).

Spezielles Krafttraining
Spezialübungen müssen nach HARRE (6) «in der Teilstruktur und im
Kraft-Zeit-Verlauf im wesentlichen mit der Wettkampfbewegung
übereinstimmen». So können also auch Teilübungen, z. B. das Ziehen
mit dem Unterarm am Zugseil, Spezialübungen sein.

1. Besonders das *Training mit dem Zugseil*, das es in verschiedenen
Stärken zu kaufen gibt, ermöglicht sehr früh ein spezielles Krafttraining
zur Verbesserung der Schwimmarten. Schwimmbewegungen lassen
sich am erhöhten Widerstand ausführen und auch korrigieren, Teilübungen der Gesamtbewegung können ebenso wie die Hauptantriebsmuskeln besonders trainiert werden. Zugfrequenzen, die im Wettkampf bei jedem einzelnen ermittelt wurden – entweder durch Zählen
der Züge pro Bahn (Zugzahl/Strecke) oder durch Messen mit einer
Schlagzahluhr (Schlagzahl/Min.) –, lassen sich im Zugseiltraining individuell nachvollziehen. Voraussetzung für ein auf das Land übertrage-
nes Intervalltraining mit dem Zugseil ist allerdings die Kenntnis der
Züge/Streckenlänge oder die Schlagzahl/Min.
Hierfür zwei *Beispiele*:
1. Ein Schwimmer benötigt auf 100 m 50 Züge. Zugseiltraining z. B. 10
   × 50 Züge, Pause 30 Sek. Die 50 Züge werden entweder im Wett-
   kampftempo (erreichen der Wettkampfzeit) oder mit mittlerem
   Tempo ohne Zeitbegrenzung ausgeführt.
2. Ein Schwimmer benötigt auf seiner Wettkampfstrecke im Schnitt 50
   Züge/Min. (Messung mit der Schlagzahluhr.)
   Daraus kann sich z. B. folgendes Zugseiltraining ergeben:
   1. 3 × 200 Züge in 4 Min.; Pause bis 3 Min.
   2. 5 × 100 Züge in 2 Min.; Pause bis 1½ Min.
   3. 10 × 50 Züge in 1 Min.; Pause bis max. 1 Min.
   4. 20 × 25 Züge in 30 Sek.; Pause bis 30 Sek.

Natürlich lassen sich auch Zugzahlen pro Strecke auf Schlagzahl pro

$$\text{Min. umrechnen (Schlagzahl} = \frac{\text{Züge/Strecke} \times 1 \text{ Min.}}{\text{erreichte Wettkampfzeit}} \text{ ; damit}$$

spart man die kostspielige Anschaffung einer Schlagzahluhr.
Zu beachten ist, daß es bei extrem hohen, schnell aufeinanderfolgenden

Wiederholungen nicht mehr zum Wechselspiel von Spannung und Entspannung der Muskulatur kommen kann. Diese Dauerkontraktion bewirkt dann eine Steigerung der Maximalkraft und nicht der Kraftausdauer.

Merke
Führe mit dem Zugseil nur Zug- und Druckphase der Schwimmbewegung (außer beim Brustschwimmen) aus. Die Bewegung der Schwungphase führt leicht zu Verletzungen im Schultergelenk.

2. Das *spezielle Kreistraining* wird durchgeführt mit leichten Hanteln bis zu 12 kg Gewicht; es dient dem Training der Hauptantriebsmuskeln.

3. Eine weitere Möglichkeit, ein Krafttraining mit Spezialübungen auszuführen, bietet der sogenannte *exer-genie*. In einem ‹exer-genie› ist ein Nylonband um einen T-förmigen Metallstab gewickelt. Die Anzahl der Windungen macht den Widerstand aus: je mehr Windungen, desto höher der Widerstand. Allerdings sind nur wechselseitige Bewegungen möglich. Dieses Gerät ist auf engstem Raum zu verwenden und überall zu befestigen. Das Gewicht bzw. der Widerstand muß vor der Tätigkeit eingestellt werden – im Gegensatz zum isokinetischen Gerät, bei dem sich durch die Geschwindigkeit der Bewegungen der Widerstand verringert oder vergrößert. – Die Anschaffungskosten liegen bei ca. 160 Mark.

4. Im *isometrischen Krafttraining* wird gegen einen unbeweglichen Widerstand oder gegen einen Widerstand, der eine hohe Muskelanspannung erfordert (z. B. Zugseil), gezogen oder gedrückt. Der maximale Trainingsreiz liegt bei einer Anspannungsintensität von 50 bis 70 Prozent der Maximalkraft. Wird darüber hinaus mit noch größerer Beanspruchung gearbeitet, dann bleibt der Trainingseffekt hinsichtlich des Muskelkraftanstiegs konstant.

Die Anspannungsdauer muß, um einen maximal möglichen Trainingseffekt zu erzielen, etwa 3 bis 6 Sek. betragen. Wird allerdings mit geringerer Anspannung gearbeitet, so ist die Anspannungsdauer zu verlängern. Etwa fünf Wiederholungen pro Tag gewährleisten den Trainingseffekt.

Der Vorteil des isometrischen Krafttrainings besteht darin, daß jede einzelne Muskelgruppe gezielt trainiert werden kann. Natürlich entfällt bei einer solchen statischen Arbeit die Koordinationsschulung der Schwimmbewegungen. Deshalb kann das isometrische Krafttraining allein keinen Erfolg garantieren. – Gelenkwinkel sind beim isometrischen Training der Schwimmbewegung anzupassen.

5. Das *isokinetische Krafttraining* gewinnt auch beim Schwimmtraining zunehmend an Bedeutung. Hierbei wird mit Hilfe eines speziellen Geräts nach folgendem Prinzip gearbeitet: Je langsamer die Bewegung, desto leichter wickelt sich ein Band ab, je schneller die Bewegung, desto schwerer läßt es sich abwickeln. Bisher erzielte Trainingserfolge sprechen eindeutig für die Anwendung solcher Geräte, doch sind deren Anschaffungskosten so hoch, daß vor einer solchen Investition erst Trainingsgeräte anderer Art angeschafft werden sollten. Die Kosten liegen zwischen ca. 400 Mark für ein Einzelgerät bis zu 1700 Mark für zwei Geräte mit der dazugehörigen Trainingsbank.

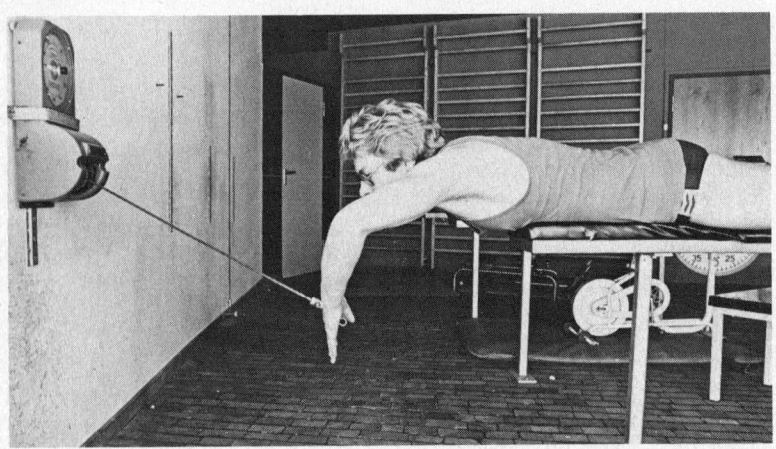

Maximalkraft

Bevor die Maximalkraft trainiert wird, ist es wichtig, die bis jetzt aufgeführten Trockentrainingsmittel anzuwenden, um eine Grundlage für das Maximalkrafttraining zu legen.Überbelastungen und Verletzungen – vor allen an der Wirbelsäule – sind so vermeidbar. Es ist sowohl innerhalb eines Jahrestrainings als auch in einer langfristigen mehrjährigen Planung nach folgendem Prinzip vorzugehen: Übe erst mit geringer und später mit höherer Belastung. Das Maximalkrafttraining muß drei Forderungen erfüllen:
1. 90 bis 100 Prozent des maximalen Leistungsvermögens
2. 6 bis 8 Wiederholungen
3. Erholungspausen bis zu 5 Min. zwischen den Serien
Da die Maximalkraft nicht konstant bleibt, ist es notwendig, Tests durchzuführen, um gegebenenfalls die Belastungen beim Kraftausdauertraining (s. S. 145) verändern zu können.

Das spezielle Training der Maximalkraft am Gesamtumfang des Trokkentrainings ist gering und darf erst nach einigen Trainingsjahren angewendet werden. Es dient dann als Grundlage zum Kraftausdauertraining.

Schnellkraft

Aufgrund des Wasserwiderstandes sind beim Schwimmen keine schnellkräftigen Bewegungen möglich. Somit ist hier die Schnellkraft – außer beim Startsprung – absolut bedeutungslos. Ein Schnellkrafttraining der Beinmuskulatur reicht somit völlig aus. Dieses muß folgende Forderungen erfüllen:

1. Belastung ca. 75 Prozent der Maximalleistung
2. schneller explosiver Krafteinsatz
3. bis zu 10 Wiederholungen

Strecksprünge aus leichter Hockstellung mit Gewichten (Gewichtsweste, Sandsack o. ä.) dienen dabei als Zusatzbelastung.

Kraftausdauer

Das Training der Kraftausdauer nimmt den größten Teil des Trockentrainings neben dem allgemeinen aeroben Ausdauertraining (Waldlauf etc.) ein. Es entspricht dem Schwimmen als Ausdauersportart am nächsten.

Ein Kraftausdauertraining muß folgende Forderungen erfüllen:

1. Trainiere mit geringer Belastung bei hohen Wiederholungszahlen, die jedoch erst langsam steigernd erreicht werden (max. 50).
2. Arbeite mit kurzen Pausen.
3. Die Belastung sollte zwischen 30 und 60 Prozent der maximalen Belastbarkeit liegen.
4. Steigere das Kraftausdauertraining durch Erhöhung der Wiederholungen, nicht durch Steigerung der Belastung.
5. Ein Kraftausdauertraining wird nur wirksam, wenn sich Spannung und Entspannung ablösen.
6. Beachte Lockerungs- und Dehnungsübungen.

Hauptantriebsmuskeln

Die Hauptantriebsmuskeln sind nach BRUNNER (1.1), COUNSILMAN (2.2), NEMESSURI (11) und LINGENAU (9.1):

1. *Armdepressoren* ziehen den Arm durch das Wasser und liefern bei allen vier Schwimmarten die Hauptantriebskraft. Es sind dies (1) der breite Rückenmuskel, (2) der große Rundmuskel, (3) der dreiköpfige Armstrecker und (4) der große Brustmuskel.
2. *Armrotatoren* drehen den Arm nach innen. Sie werden bei richtiger Schwimmtechnik angewendet. Es sind dies: (1) der große Brustmus-

kel, (2) der Unterschulterblattmuskel, (3) der breite Rückenmuskel und (4) der große Rundmuskel.

3. *Handgelenks-* und *Fingerbeuger* sind außerordentlich wichtig, da sie die Hände in eine Position bringen, die dem Wasser optimalen Widerstand bietet, indem sie die Finger strecken und das Handgelenk in der gewünschten Position feststellen.

4. *Ellenbogenstrecker* (Triceps), ein dreiköpfiger Armstrecker, entscheidet über die Qualität der Unterwasserphase. Das Wasser wird mit Hilfe dieses Muskels nach hinten gedrückt; er hilft ferner beim Herausnehmen des Armes.

5. *Bein-* und *Fußgelenkstrecker* werden hauptsächlich für Start und Wende gebraucht. Daneben bilden sie die Hauptantriebsmuskulatur für das Brustschwimmen. Es sind dies (1) der Unterschenkelstrecker, (2) der Zwillingsmuskel und (3) der große Gesäßmuskel.

Diese Muskeln sind mit zunehmenden Trainingsjahren auszubilden, indem sie gezielt belastet werden. Eine Ausbildung von nicht am Antrieb beteiligter Muskulatur führt zur Behinderung und damit zur Leistungsbeeinträchtigung. Der Kreislauf hat dann die für das Schwimmen unwichtige Muskulatur mitzuversorgen, und diese Energie geht der Hauptantriebsmuskulatur verloren.

Übungen
Die nachfolgenden Übungen trainieren die Hauptantriebsmuskeln. Es werden dabei benötigt: Hantelstange (ca. 12 kg), Tennisball, Gewichtsschuhe.
Beispiel: 1.4.1.
1. bezieht sich auf die Muskelgruppe (Armdepressoren),
1.4.   bezieht sich auf den Muskel (großer Brustmuskel),
1.4.1. ist die erste Übung zu diesem Muskel.

1.1.   Rückenlage, Hantelstange mit ausgestreckten Armen fassen, Arme gestreckt bis zum Bauch und zurück bewegen
1.2.   Rückenlage, Hantelstange hinter dem Kopf, Arme in Ellenbogen rechtwinklig gebeugt, Heben des Unterarms bis zur Senkrechten und wieder zurück
1.3.   Hantel hinter dem Kopf, Ellenbogen in Schulterhöhe, Strecken über den Kopf, Ristgriff
1.4.1. Rückenlage auf der Bank, Hantel auf dem Boden, gestreckten Arm bis zur Senkrechten heben
1.4.2. aus gebeugtem Arm anheben, sonst wie 1.4.1.
1.4.3. Stand, in jeder Hand Kleinhanteln, Arme in Vorhalte, gestrecktes Kreuzen

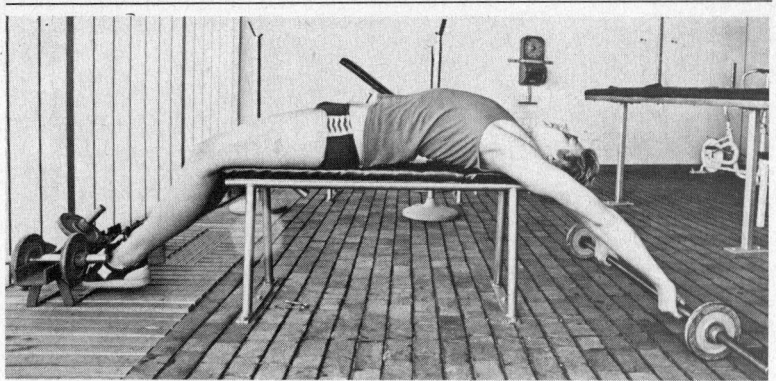

1.1.

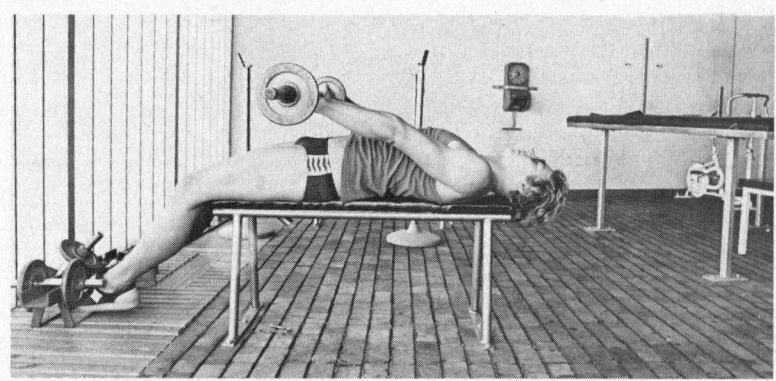

1.1.

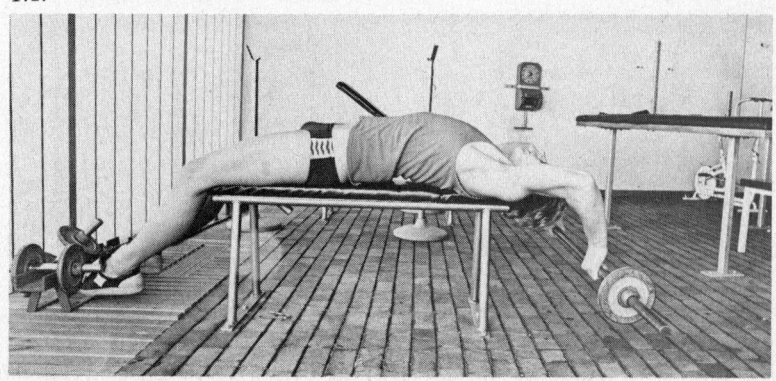

1.2.

2.1.   wie 1.4.1.
2.2.   Stand, leichte Vorbeuge, Hantelstange hinter dem Körper, Kopf
       hochhalten, Stange nach hinten oben bewegen
2.3.   wie 1.1.
2.4.   wie 1.2.

3.1.   wie 1.1.
3.2.   Stand, Hantel vor dem Körper, Ristgriff, Heben der Hantel nur
       mit dem Handgelenk
3.3.   drücke einen Tennisball zusammen
3.4.   Armheben hinter dem Körper bis in die Achselhöhe, Hantel nah
       am Körper
3.5.   Hantel vor dem Körper, Kammgriff, Ellenbogen über Schulter-
       höhe anheben, Hände treffen Achselhöhle

4.1.   Stemmen aus dem Nacken
4.2.   wie 2.2.
4.3.   wie 3.5.
4.4.   Rückenlage auf Bank, Beugen und Strecken der Arme von der
       Brust in die Hochhalte (Bankdrücken)

5.1.1. halbe Kniebeuge, Hantel im Nacken
5.1.2. Rückenbeinschlag mit Gewichten an den Füßen
5.2.1. Hantel im Nacken, kraftvolles Fersenheben
5.2.2. Hantel im Nacken, Hüpfen mit leichter Kniebeuge
5.3.1. wie 5.1. und 5.2.
5.3.2. halbe Kniebeugen mit Hantel im Nacken

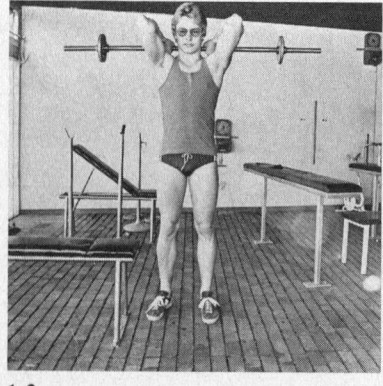

1.3.   2.2.

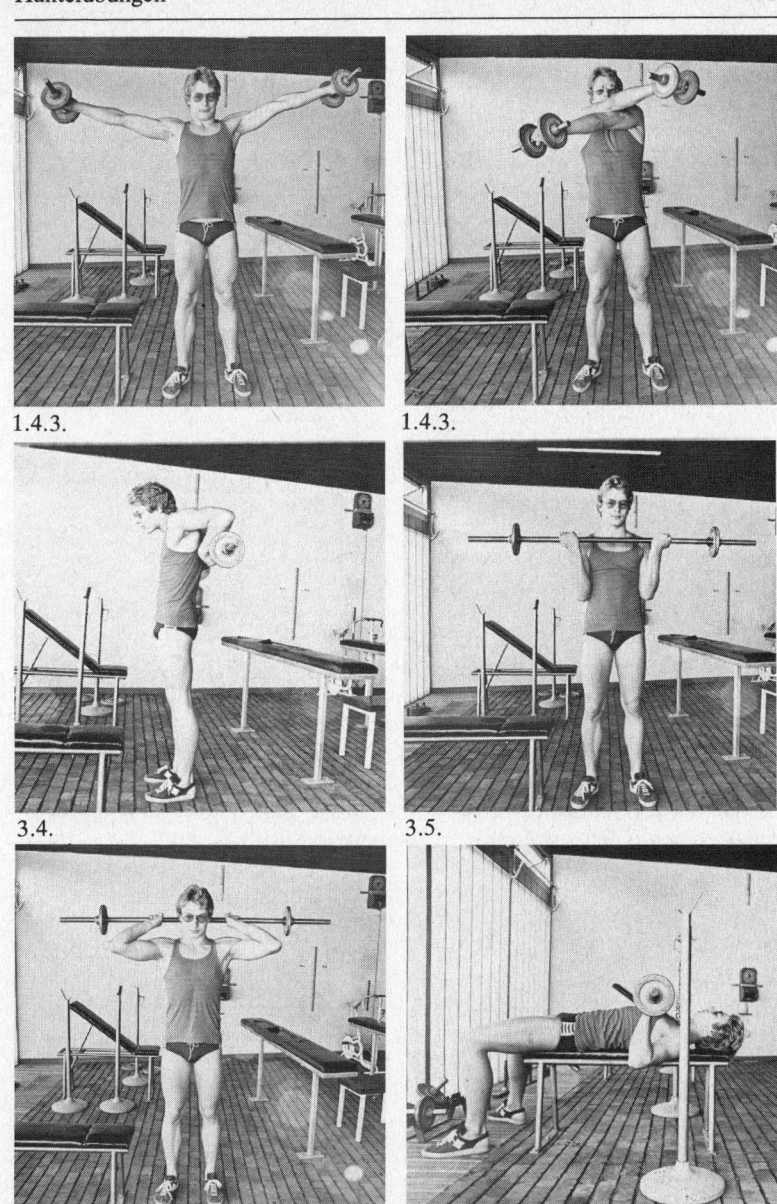

1.4.3.

1.4.3.

3.4.

3.5.

4.1.

4.4.

Zusammenfassung

Das Trockentraining nimmt einen bedeutenden Rahmen im heutigen Schwimmtraining ein. Es verkürzt die Trainingszeit im Wasser und führt bei richtiger Anwendung zu spürbaren Leistungssteigerungen.

Allgemeine Gymnastik zur Lockerung und Dehnung der Muskulatur, zum Beweglichmachen der Gelenke, Konditionsgymnastik, ein allgemeines Kraftausdauertraining mit Medizinbällen und dem eigenen Körpergewicht sowie das Training mit dem Zugseil zur Ausbildung der sportartspezifischen Muskulatur bilden eine ausreichende Grundlage für den weiteren Trainingsprozeß.

Das Krafttraining sollte auch in der Wettkampfzeit beibehalten werden, um den Abbau der gewonnenen Kraft/Kraftausdauer zu verhindern. Intensität, Umfang und Häufigkeit müssen allerdings in dieser Zeit – im Vergleich zur Vorbereitungsperiode – um ca. 50 Prozent abnehmen. Der Anteil nimmt zwar zum angestrebten Leistungshöhepunkt hin noch weiter ab; dennoch sollte auf ein Krafttraining nicht gänzlich verzichtet werden.

Merke

- Je schneller Kraft gewonnen wird, desto schneller geht sie wieder verloren.
- Hebe kein Gewicht mit gestreckten Beinen und geradem oder auch rundem Rücken. Ein 25 kg schweres Gewicht bewirkt im Lendenwirbelbereich eine Belastung von ca. 430 kg [nach BRUNNER (1.3)], sondern hebe mit gebeugten Beinen und geradem Rücken.

Im Rahmen des Trockentrainings sind Tests durchzuführen, um eine Entwicklung zu kontrollieren und auf sie zu reagieren. Die Testergebnisse sind auf eine Karteikarte einzutragen. So können Leistungsveränderungen und -entwicklungen verfolgt werden. Diese Tests müssen immer vom Aufbau und Inhalt her gleich angelegt sein, gleichgültig, was abgetestet werden soll.

Eine Mischung aus isotonischem (dynamischem) und isometrischem (statischem) Krafttraining ist anzustreben, wobei das isotonische Krafttraining den größten Anteil hat. Der Grund liegt in der gleichzeitig durchführbaren Koordinationsschulung.

Das Trockentraining enthält keine besonderen Übungen zur Stärkung der Muskulatur, die die Arme in der Schwungphase nach vorn bringen. Wegen des geringen Widerstandes in der Schwungphase reicht hier das Schwimmtraining völlig aus.

Jahrestrainingsplan

Ein Trainingsjahr setzt sich zusammen aus (1.) Perioden, (2.) Etappen, (3.) Makrozyklen, (4.) Mikrozyklen und (5.) Trainingseinheiten. Je kurzfristiger die Planung, desto detaillierter ist der Aufbau. Die Punkte 1 bis 5 ergeben zusammen den Aufbau des einteiligen, zweiteiligen oder dreiteiligen Trainingsjahres. Dabei kommt die Dreiteilung einem frühen Leistungsalter mit wenigen Trainingsjahren am ehesten zugute. Die Gliederung des Wettkampfjahres in Sommer- und Wintersaison führt zur Zweiteilung. Da im Winter überwiegend Mannschafts- und im Sommer Einzelwettkämpfe stattfinden, kann sich je nach Interesse der Sportler auch eine einteilige Planung ergeben. Doch werden bei einer solch langfristigen Wettkampfvorbereitung erhebliche Anforderungen an Willenskraft, Leistungsbereitschaft und Geduld an den Wettkämpfer – und nicht zuletzt an Trainer – gestellt.

In der (1.) Aufbau-, (2.) Vorbereitungs-, (3.) Wettkampf- und (4.) Übergangsperiode werden die Zeiträume, die Zielsetzungen und die Trainingsformen/-mittel abgesteckt.

Ziel der *Aufbauperiode* ist neben einer vielseitigen Grundausbildung die allgemeine Ausdauer aufzubauen und einen Maximalkraftzuwachs zu erzielen. Trainingsmittel sind Waldlauf, Zugseilziehen, Seilspringen, Gymnastik, Skilaufen, u. U. spezielle Übungen mit Hanteln, Circuittraining, Radtouren, Spiele usw. Das Training im Wasser beschränkt sich auf Langstreckenschwimmen sowie auf die Technik der Schwimmarten mit dem Ziel der Bewegungsökonomisierung. Filmdemonstrationen können bei dem technischen Training ebenso helfen wie Bildtafeln.

Die *Vorbereitungsperiode* mit der Aufteilung in drei Etappen ist die Fortsetzung der Aufbauperiode. Ziel der 1. und 2. Etappe ist die Steigerung der (vielseitigen) Grundausbildung, die Erhöhung der allgemeinen Ausdauer und eine Zunahme der Gesamttrainingszeit. Die 3. Etappe zeichnet sich durch Formen des anaeroben Trainings (Schnelligkeitsausdauer) aus.

Die Trainingsmittel der 1. und 2. Etappe sind Dauertrainingsformen sowie die Technikschulung. In der 3. Etappe werden vermehrt Formen des Schnelligkeitsausdauertrainings angewendet. Das Kraftausdauertraining an Land wird beibehalten, nimmt jedoch zur Wettkampfperiode hin langsam ab.

Die *Wettkampfperiode* hat die Stabilisierung der erarbeiteten Technik, die Ausprägung der Schnelligkeit sowie die unmittelbare Wettkampfvorbereitung als Ziel. In der Trainingssprache bezeichnet man dieses als ‹tapering› (spezielle und individuelle Vorbereitung). Trainingsmittel sind Sprints, Tests, taktisches Training, Starts und Wenden sowie

Schwimmen mit der angestrebten Wettkampfschnittgeschwindigkeit.
Regeneration und psychische Vorbereitung auf den Wettkampf bilden
einen letzten Schwerpunkt.
Die *Übergangsperiode* dient zur aktiven Erholung, wobei der Körper
bei leichter Belastung weiterarbeitet. Hier bleibt genügend Zeit, außer-
schwimmerischen Interessen nachzugehen. Die Übergangsperiode
kann aber auch im Ski-, Trainings- oder Freizeitlager verbracht werden
und somit zugleich als Aufbauperiode dienen.
Makrozyklen beziehen sich auf eine mehrwöchige Planung und zeigen
lediglich den geplanten Umfang der Belastung und Intensität.
Mikrozyklen sind Wochentrainingspläne, die einen besonders wichti-
gen Faktor in der Planung bilden. Sie sind am leichtesten variierbar, und
man kann mit ihrer Hilfe das Prinzip der Belastungssteigerung berücksichtigen. Letztlich verhindern sie Trainingsmonotonie durch kontrol-
liertes Aufeinander-Abstimmen der Trainingsmittel. «In einem Mikro-
zyklus wechseln je nach Intensität des Wochentrainings niedrige, mittlere und große Belastung regelmäßig oder unregelmäßig ab» [SATORI
(121)]. Es ist zu berücksichtigen, daß ein Schwimmer nach einer inten-
siven Belastung mindestens zwischen 2 und 3 Tage Erholungszeit benötigt, um im folgenden Wettkampf besonders gut zu schwimmen. Bei
Kindern und Jugendlichen ist diese Erholungzeit allerdings länger.
Die *Trainingseinheit* ist das Kernstück des täglichen Trainings. Sie stellt
die kleinste Einheit dar, bildet die Grundlage der Wettkampfergebnis-
se, in ihr können schließlich kurzfristige situationsbedingte Veränderungen aufgenommen werden. Sie enthält in detaillierter Form Art des
Trainings, Dauer, Reihenfolge der Trainingsmittel, Intensität, Wiederholungszahlen, Pausengestaltung sowie den organisatorischen Rahmen. Zur Optimierung des Trainings empfiehlt es sich, die Trainingseinheit auf Zettel zu schreiben und am Beckenrand für jeden Schwimmer an der Wand zu befestigen. So können auf jeder Bahn unterschied-
liche Programme geschwommen werden, ohne daß der Trainer stets das
weitere Trainingsprogramm bekanntgeben muß. Der Zettel sollte vor
dem Training von den Schwimmern eingesehen werden, um Gelegen-
heit zu klärenden Informationen zu geben.

Beispiel eines dreigeteilten Trainingsjahres
Beginn: 1. 9. 1975 – Ende: 31. 8. 1976
Wettkampfhöhepunkte:
1. Teilnahme am Endkampf der Deutschen Mannschaftsmeisterschaften der Jugend- und Juniorenklasse am 15. 12. 1975
2. Teilnahme an dem C-Kader-Test am 28. 3. 1976
3. Teilnahme an den Deutschen Altersklassenmeisterschaften vom
   15.–18. 7. 1976.

Bei aufgeteilten Jahrgangsmeisterschaften sollte die Spezialdisziplin des Schwimmers berücksichtigt werden.

	I Teil 1. 9.–15. 12.	Übergangsperiode I	II. Teil 16. 12.–28. 3.	Übergangsperiode II	III. Teil 12. 4.–18. 7.	Übergangsperiode III
Aufbauperiode	3 Wochen	ist in der Aufbauperiode des II. Teil enthalten	3 Wochen	Skilager, Trainingslager, Lehrgang	2 Wochen	wird u. U. verkürzt durch Wettkämpfe
Vorbereitungsperiode	9 Wochen		9 Wochen	einige Urlaubstage	9 Wochen	Urlaub, Ferienlager abwechslungsreiche, sportliche Betätigung
Wettkampfperiode	3 Wochen	Skilager, Trainingslager, Lehrgang	3 Wochen		3 Wochen	
Übergangsperiode				2 Wochen		6 Wochen
52 Wochen=	15 Wochen		15 Wochen	2 Wochen	14 Wochen	6 Wochen

Liegt das Hauptaugenmerk auf der Deutschen Mannschaftsmeisterschaft, so muß der Leistungshöhepunkt auf diesen Termin hin ausgerichtet werden. Eine leichte Reduzierung des Trainingsumfangs sowie ein minimales Sprinttraining reichen als Vorbereitung für Wettkämpfe zwischen den Schwerpunkten aus. Das Training für Kinder und Jugendliche sollte so gestaltet sein, daß sie nach 2 bis 3 Tagen Erholung in den Bereich ihrer Bestleistung kommen. Eine Anhäufung von Wettkämpfen in Verbindung mit vielen Starts schlägt jedoch häufig in Wettkampfmüdigkeit und Lustlosigkeit um.

Zusammenfassung
Der Trainingsplan im Schwimmen ist in den meisten Fällen ein Gruppentrainingsplan. Der einzelne muß in der Gruppe berücksichtigt und gefördert werden; individuelle Aspekte gilt es aufzunehmen. Die Notwendigkeit für einen Gruppentrainingsplan ist in trainingsorganisatorischen Gründen (begrenzter Raum, wenig Übungsstunden) zu sehen. Je weiter man sich im Trainingsprozeß seinem Leistungsziel nähert, desto spezieller und individueller muß jedoch die Trainingsgestaltung erfolgen. Eine wichtige Aufgabe des Trainings ist es, dem Schwimmer diesen Prozeß bewußt zu machen.

Taktik

Es ist zu unterscheiden zwischen *Vorwettkampf-* und *Wettkampftaktik.*
Letztere wird bestimmt durch einzel- und mannschaftstaktische Maßnahmen. Die Anwendbarkeit wettkampftaktischer Maßnahmen ist im
Vergleich zu den Sportspielen erheblich begrenzt. Die im Wettkampf
angewandte Taktik muß vorher trainiert und zwischen Sportler und
Trainer besprochen werden; Kriterium ist der Leistungsstand des
Sportlers.
Die *Vorwettkampftaktik* beginnt bereits Tage vor dem Wettkampf, auf
dem sich der Sportler speziell vorbereitet. Im Reisegepäck befinden
sich ausreichende Badebekleidung, Mütze, Turnschuhe, Trainingsan-
zug usw. Die Auswahl einer geeigneten ruhigen Unterkunft sowie die
Planung des Tagesablaufs sind sehr wichtig. Jeder Sportler muß wissen,
wann er startet; es ist dann seine Aufgabe, rechtzeitig dem Startaufruf
zu folgen.
Die Mahlzeiten und deren Zusammenstellung, die Planung einer Lok-
kerungsmassage, das Einschwimmen, das rechtzeitige Aufwärmen und
Lockern, das Einreiben der Arme mit wärmenden oder kühlenden
Mitteln, das Wissen um die Stärken des Gegners – all dies sind bereits
taktische Vorwettkampfmaßnahmen. Auch dem Gegner durch selbst-
bewußtes Auftreten die eigene Leistungsstärke zu zeigen, ihn zu verunsichern, sollte als Möglichkeit betrachtet werden.
Letzten Endes aber hängt das Verhalten vor dem Start immer von der
Mentalität des Sportlers ab. Beruhigende Worte des Trainers, verbunden mit guten Wünschen für den Wettkampf, dürfen nicht fehlen. Die
Drohung vor dem Start («Wenn du nicht . . . dann . . .») sollte ebenso
der Vergangenheit angehören wie das sofortige diskussionslose Abur-

teilen einer nicht wunschgemäßen Leistung; denn es wird wohl kaum einen Sportler geben, der nicht versucht, die gesetzten Ziele zu erreichen.
Beim Einschwimmen sollten keine technischen Neuerungen erlernt werden. Ziel des Einschwimmens ist, das Wettkampfbecken kennenzulernen und sich auf den Start vorzubereiten, wobei leicht technische Unsicherheiten noch abzustellen sind. Anschlag-, Wende- und Startübungen gehören zum unerläßlichen Programm des Einschwimmens, indem sie Sicherheit vermitteln.
Die Einzeltaktik bezieht sich auf die individuelle Wettkampfstrecke eines jeweiligen Schwimmers; in Mannschaftswettbewerben bleibt die Einzeltaktik der Mannschaftstaktik untergeordnet. *Einzeltaktische Maßnahmen* sind:
1. Sich vom Gegner ‹ziehen lassen›, das heißt, man schwimmt etwa eine Armlänge hinter ihm. Dadurch spart man Kraft für den Endspurt und macht den Gegner nervös.
2. Mit einem Zwischenspurt den Gegner zu überraschen. Er ist dann am wirkungsvollsten, wenn der Gegner zur anderen Seite atmet (z. B. beim Freistilschwimmen). Bei einer guten Wendetechnik kann der Zwischenspurt aus dem Abstoß heraus beginnen.
3. Die Schwächen des Gegners ausnutzen. Ist er auf irgendeiner Teilstrecke besonders schwach, so liegt die eigene Konzentration darauf, den Gegner eben zu diesem Zeitpunkt zu überrumpeln (besonders beim Lagenschwimmen).
4. Progressives Schwimmen, das heißt auf der Wettkampfstrecke immer schneller werden. Es setzt ein gezieltes Training sowie gutes Zeitgefühl voraus.
5. Beim Rückenschwimmen gleich nach dem Start einen Vorsprung herauszuholen, um so das gesamte Feld überblicken zu können.
6. Ein hohes Anfangstempo eingehen, um den Gegner aus dem Rhythmus zu bringen und ihm Kraftreserven für den Endspurt zu nehmen – oder umgekehrt: beim ‹Auf-Sieg-Schwimmen› den Gegner durch niedriges Anfangstempo verunsichern.

In der Mannschaftstaktik ist zu differenzieren in (1) Staffelwettbewerbe und (2) Mannschaftswettbewerbe.
Die geschickte Zusammenstellung von Staffeln hat schon manchen unverhofften Erfolg gebracht. Dabei ist zu beachten:
1. Ein guter ‹Starter› mit schneller Reaktion ist an den Anfang zu stellen.
2. Besonders gute ‹Kämpfer› mit einem starken Endspurt sollten zuletzt starten. Der Gegner weiß um diese Stärke und wird verunsichert.
3. Die schwächsten Schwimmer sollten nie zuletzt schwimmen. Der

Gegner weiß um diese Schwäche und wird diese konsequent ausnutzen.
4. Bei am Ende gleich starken Delphinstaffeln ist besonders darauf zu
achten, bei den Wechseln vorn zu liegen. Der Gegner bekommt dann
nämlich die Wellen durch den Startsprung ab.
5. Weiß man, auf welcher Position der Gegner seinen schwächsten
Schwimmer einsetzt, kann man einen starken Schwimmer entgegen-
stellen, um so verlorene Meter leichter aufzuholen oder den Abstand
zu vergrößern.
6. Wenn möglich, sind auch individuelle Wünsche zu berücksichtigen.
Viele Schwimmer haben eine bestimmte Position, auf der sie gern
schwimmen; das bringt zusätzliche Motivation.
Die Mannschaftswettbewerbe für Kinder, Schüler, Jugendliche und
Junioren sowie Staffelmeisterschaften bieten ein gezieltes Anwenden
dieser aufgezählten taktischen Maßnahmen.
Für Wettbewerbe wie Deutsche Mannschaftsmeisterschaften sollte
man beachten:
1. Die Pausen zwischen den Starts des einzelnen sollten so groß wie
möglich sein; konditionsstarken Schwimmern sind kürzere Pausen
zuzumuten.
2. Die ersten Strecken im ersten Wettkampfabschnitt sollten von
Schwimmern besetzt sein, von denen man eine Bestleistung erwarten
kann. Dieses wirkt für alle Nachfolgenden stimulierend.
3. Der letzte Abschnitt sollte mit zuverlässigen guten Schwimmern
besetzt sein.
4. Die Wettkampfleistungen der Gegner beobachten und notieren, um
immer auf dem laufenden Stand zu bleiben.
5. Übersichtliche Listen in der Hand eines jeden Schwimmers mit geplanten Sollzeiten (nicht zu hoch angesetzt) motivieren zusätzlich.

Anhang

Zur Psychologie des Schwimmens

Bereits beim Waschen, Baden und Duschen entscheidet sich die positive oder negative Einstellung eines Kindes zum Wasser. Die Angst kann hier durch Fehlverhalten der Eltern bereits erzeugt werden. Doch selbst Personen, die ‹schwimmen können›, geraten in Angst und Panik, wenn sie in unbekannte Situationen geraten; ein paar Wasserspritzer ins Gesicht oder ein Verschlucken können auslösende Faktoren sein. Es ist deshalb wichtig, das Untertauchen des Kopfes, das Ausatmen unter Wasser sowie das Orientieren unter Wasser zu lernen. Nur Sicherheit im Wasser verhindert Angst und Panik!
Selbst Krämpfe in den Beinen dürfen nicht zu Fehlreaktionen führen. Ein Krampf im Unterschenkel läßt sich leicht durch Strecken des Beines und gleichzeitigem extremen Anziehen der Fußspitze lösen. Den Oberschenkelkrampf beseitigt man durch starkes Anziehen der Unterschenkel. Legt man sich bei Krämpfen auf den Rücken, bleiben die Atemwege frei.
Das Leistungsschwimmen zählt zu den trainingsintensivsten Sportarten überhaupt. Bereits im Teil *Training* wurde das hohe Maß an Durchhaltevermögen angesprochen. Je mehr sich ein Schwimmer dem Höchstleistungsbereich nähert, desto größer wird die psychische Belastung. Deshalb kommt das Durchhaltevermögen im täglichen Training eines Schwimmers einem Sieg über sich selbst gleich. Nur dieses schafft Selbstvertrauen und Überzeugtsein von der eigenen Leistungsfähigkeit im Wettkampf.
Das oberflächlich ‹Zur-Schau-Stellen› eigener Selbstsicherheit erlaubt

keine solide Wettkampfleistung. Schwankender Trainingseinsatz führt
zur Verunsicherung, zu letztlich stark wechselhaften Wettkampfergeb-
nissen. Das abwechslungsreiche Training ist deshalb ein entscheidender
Faktor zur Steigerung der Leistungsbereitschaft. Doch nicht nur der
Aufbau des Trainingsplans erhöht die Motivation zum Training und
damit die erhöhte Leistungsbereitschaft; auch die Beeinflussung durch
die Umwelt wirkt sich stark aus.

Fortlaufender Druck zu immer neuen Leistungssteigerungen, ausblei-
bendes Lob – auch bei nicht so erfreulichen Leistungen –, fehlende
Anerkennung in Wort und Gesten, ausbleibende Wettkampfleistungen
durch überhöhte Zielsetzung und vieles mehr können zur Lustlosigkeit
führen. Auch Neid und Mißgunst über erbrachte Leistungen des Gegners oder eigener Mannschaftskameraden wirken wenig stimulierend
auf die eigene Leistung. Das Fair play, die Anerkennung der gegneri-
schen Leistung sollten nicht nur motivierend sein – die richtige Einstellung zum Sport läßt sich hier lernen und demonstrieren.

Im Idealfall betreibt der Schwimmer aus eigenem Willen heraus den
Sport/Leistungssport. Zwar gehört zur Motivation auch die Belohnung;
doch leicht kann sie maßlos werden, wenn nur sie anspornend wirkt.
Langfristig gesehen sind diejenigen Aktiven die Erfolgreichen, denen
die Bestätigung im Sport aus eigenem Interesse und innerem Ansporn
wichtig ist, gepaart mit einem realistischen Maß an Selbsteinschätzung.

Das Schwimmen erscheint auf den ersten Blick als Einzelsportart; doch
die Vielzahl der Mannschaftswettkämpfe macht es fast zu einer Mann-
schaftssportart. Die hohen Trainingsanforderungen können nur in der
Gruppe erbracht werden; Einzeltraining führt häufig zur frühzeitigen
psychischen Aufgabe. Im Gruppentraining kommt es zu einer gegensei-
tigen positiven Beeinflussung. Auftretende Konflikte in der Gruppe
sollten durch eine offene, klärende Aussprache gelöst werden.

Ist es für den Trainer nicht möglich, alle Schwimmer im Training zu
beobachten und zu korrigieren, kann sich eine gegenseitige Beobach-
tung positiv auswirken. Der Aktive übernimmt so in gewissem Maße
Trainerfunktionen. Der Erfolg liegt dann nicht nur in der interessanten
Trainingsarbeit für den Sportler, sondern zudem in dem Bewußtwerden
der Technik der Schwimmbewegungen und des Trainingsprozesses. Ist
ein guter Schwimmer einmal wenig motiviert, so sollte man ihn in der
Gruppe nicht als ersten schwimmen lassen, sondern an zweiter oder
dritter Stelle. Er wird von seinem Vordermann mitgezogen (‹im Sog
schwimmen›), das Training dadurch ein wenig erleichtert. Daraus ergibt
sich, daß auch Leistungsschwächere im Training beim ‹Im-Sog-
Schwimmen› unbewußt intensiv trainieren können. Momentan leistungsschwächere Schwimmer sollten nicht vom Training ausgeschlossen werden; denn sie können sich später entwickeln. Vielleicht sind sie

gute Stimmungsmacher, die die anderen im Training oder Wettkampf durch die Art ihres Auftretens mitreißen.

Ziele müssen erreichbar sein. Leider kommt es häufig genug vor, daß im Kinder- und Jugendbereich überhöhte Erwartungen seitens des Sportlers, des Trainers und in nicht unbeträchtlichem Maße der Familie zu Fehlleistungen führen. Erfolge sind wichtiger als Mißerfolge; doch Erfolge sind nicht nur Siege. Ein Erfolg kann schon sein, in einem Delphinwettkampf immer genau mit der richtigen Armstreckung an die Wende zu kommen, Doppelzug geschwommen oder überhaupt zum erstenmal eine Wettkampfstrecke bewältigt zu haben. Das Ziel ist also immer relativ – es sollte hoch gesetzt sein, doch erreichbar muß es immer bleiben, unabhängig davon, ob es vom Sportler selbst oder von jemand anderem gesetzt ist. Dieses Verständnis zu entwickeln, ist für alle Beteiligten leider oft sehr schwer.

Gerade nach den Olympischen Spielen in Montreal hört man wieder von medizinischen Hilfsmitteln zur Leistungssteigerung. Hier sind Grenzen erreicht, die die Entscheidungsfreiheit eines jeden einzelnen volljährigen Sportlers obliegen; Kindern ist diese Entscheidung jedoch unbedingt abzunehmen, indem man sie von vornherein vor solchen Experimenten schützt.

Zur Organisation des Schwimmunterrichts/-trainings

Die Organisation ist eng verbunden mit der speziellen Methodik sowie dem speziellen Trainingsplan der Trainingseinheit. Alle Beteiligten (Gruppe und Lehrer/Trainer) müssen mit den Organisationsformen vertraut sein. Es sind bei Erstellung des Organisationsplanes folgende Punkte zu beachten:
1. Zur Verfügung stehender Raum
2. Gruppengröße
3. Leistungsunterschiede in der Gruppe
4. Schwimmart
Geschlechtsspezifische Unterschiede sind beim Schwimmunterricht nicht zu berücksichtigen (siehe Kap. *Physiologie*, S. 170ff.).
In der Praxis am gebräuchlichsten ist das Schwimmen auf der Längsbahn. Alle nachfolgenden Organisationsformen sind natürlich bei mehr oder weniger Raum (z. B. Lehrschwimmbecken) anwendbar.
Zur Zeichenerklärung:
Schwimmer ⟩   Schwimmrichtung →   Startreihenfolge 1, 2, 3 ...
Dargestellt ist immer eine Schwimmbahn.

1. Schwimmen am laufenden Band (Rechtsverkehrschwimmen)

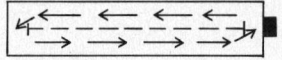

2. ⟨Sechstagerennen⟩
einzeln, hintereinander; | im Kanon, nebenein- | versetzt,
für alle Schwimmarten | ander; | Intensivierung für
                            | nicht für Delphin und | Delphin und Brust
                            | Brust |

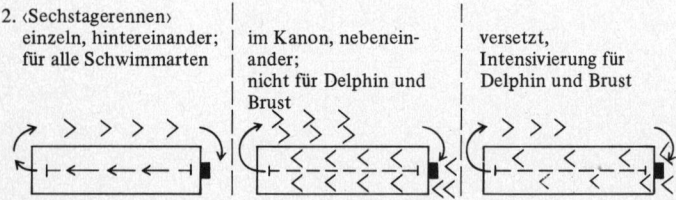

3. Längsbahn im Wechsel

4. Verfolgungsrennen

5. Unterschwimmen

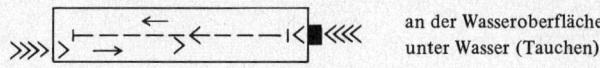

an der Wasseroberfläche
unter Wasser (Tauchen)

6. Staffelschwimmen

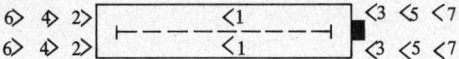

Zu 4: Das Verfolgungsrennen ist dann beendet, wenn eine Mannschaft die gegnerische eingeholt hat. Der Lehrer/Trainer gibt fortlaufend die Positionsveränderungen bekannt.

Zu 5: Es werden zwei Gruppen gebildet, die sich gegenüberstehen. Es starten immer gleichzeitig auf jeder Seite 1 oder 2 Schwimmer. Es muß auf der einen Bahn getaucht werden, auf der Rückbahn eine bestimmte Technik geschwommen werden. Bei überfüllten Schwimmbahnen eignet sich diese Organisationsform besonders gut.

Atmung und physikalische Erläuterungen

Im folgenden werden die wichtigsten Grundsätze zur Atmung und Physik des Schwimmens gegeben. Sie sind Grundlage für sicheres, lockeres und schnelles Schwimmen und unerläßliches Wissen für Übungsleiter, Trainer und Lehrer sowie den interessierten Sportler.

«Schwimmen ist atmen im Wasser.» Selbst die kürzeste Wettkampfstrecke läßt sich nicht sinnvoll ohne Atmung bewältigen (der Teil Anfängerschwimmen beinhaltet bereits das gezielte Üben der Atmung im Wasser).

Allen Schwimmarten ist gemeinsam, daß sich der Körper fast vollständig unter der Wasseroberfläche befindet. Von allen Seiten wirkt auf den Körper ein Druck ein, der sich mit zunehmender Tauchtiefe vergrößert (hydrostatischer Druck). Dadurch wird die Atmung erschwert.

Innerhalb der Schwimmbewegungen ist die Atmung dem Armzug untergeordnet. Insofern müssen zuerst die Bewegungen der Arme erlernt und anschließend die Atmung mit dem Armzug koordiniert werden. Man spricht hier vom Atemzeitpunkt, der bei den Schwimmarten unterschiedlich ist: Beim Brust- und Delphinschwimmen ist er dann erreicht, wenn die Schultern am höchsten im Wasser liegen (in der Druckphase der Hände); beim Kraulschwimmen erfolgt er am Ende der Druckphase und beim Rückenschwimmen in der Schwungphase eines Armes.

Der ‹Atemzeitpunkt› bezieht sich in allen Fällen auf die Einatmung; die Ausatmung erfolgt normalerweise in der Unterwasserphase (beim Brustschwimmen in der Vorbringphase). Aus diesem Atemzeitpunkt ergibt sich die Atemfrequenz, zum Beispiel mit dem Doppelzug beim Delphinschwimmen oder dem Dreierzug beim Kraulschwimmen. Es wird also nicht bei jedem Armzug, sondern nur bei jedem zweiten oder dritten Armzug eingeatmet. – Die Ein- und Ausatmung erfolgt beim Schwimmen durch Mund und Nase; dies geschieht meistens automatisch, sollte jedoch jedem bewußt werden.

Aus einer Vielzahl von Atmungsarten seien die wichtigsten herausgenommen und erläutert. Dieses sind die:

1. Brustatmung   3. Explosivatmung
2. Bauchatmung   4. Preßatmung

Bei der *Brustatmung* bewirken viele Muskelgruppen das Heben/Vergrößern (= Einatmen) und Senken/Verkleinern (= Ausatmen) des Oberkörpers. Nachteilig für das Schwimmen auf längeren Strecken mit höherer Belastung ist hierbei die Ermüdung der Oberkörpermuskulatur. Der Oberkörper muß beim Einatmen gegen den Wasserwiderstand arbeiten, was zusätzliche Ermüdung bedeutet.

Die antreibende Kraft bei der *Bauchatmung* ist das Zwerchfell. Es drückt beim Einatmen die Bauchorgane nach unten; dadurch wölbt sich die Bauchwand nach außen. Bei der Ausatmung bewegt die Bauchmuskulatur das Zwerchfell in seine Ausgangsposition zurück. Der Lungenhohlraum vergrößert sich nach unten – im Gegensatz zur Brustatmung, wo sich der Lungenhohlraum nach außen vergrößert (siehe dazu auch «Physik» Bauchatmung, S. 168).

Die *Explosivatmung* bezieht sich auf das verspätete Ausatmen. Dieses erfolgt nicht – wie normal üblich – in der gesamten Unterwasserphase, wobei die Stärke der Ausatmung mit zunehmender Geschwindigkeit des Armzuges gesteigert wird; der Beginn der Ausatmung erfolgt vielmehr erst in der Druckphase. Dieses längere Luftanhalten bewirkt (1) eine bessere Ausschöpfung der Atemluft, (2) eine erhöhte Auftriebsfähigkeit des Körpers mit verbesserter Wasserlage und (3) ein schnelleres Ausatmen in der Druckphase als sonst – Wasser wird vor dem Einatmen vom Mund fortgeblasen.

Die *Preßatmung* bezieht sich auf das Anhalten der Luft. Diese wird dabei stark gepreßt, was schnell zu einem ‹roten Kopf› und in der weiteren Folge sogar zu einem Kollaps führt. Es gilt deshalb: Presse die Luft nicht, sondern halte sie nur an!

Besonders beim Brustschwimmen gilt es, zwei verschiedene Atmungsarten zu beachten: die *Früh-* und die *Spätatmung*. Sie beziehen sich auf den Atemzeitpunkt, also auf den Zeitpunkt des Einatmens bezogen auf die Position der Arme. Die Frühatmung beginnt mit der Zugphase der Arme, ist verbunden mit einem weiten auswärtsgehenden Armzug und meistens der Stoßgrätsche. Die Spätatmung erfolgt in der Druckphase; sie paßt sich der dynamischeren Bewegung eines kürzeren Armzugs und der Schwunggrätsche an.

Im Rahmen der physikalischen Erläuterungen werden folgende Fragen beantwortet:
1. Wie schafft man es, günstig (Gleitlage, Gleitbootlage) im Wasser zu liegen?
2. Wie können auftretende Widerstände in ihrer Wirkung reduziert werden?
3. Wie wird eine möglichst hohe Geschwindigkeit erreicht?

Zu 1: Entscheidend bei der ersten Frage sind das spezifische Gewicht, der statische Auftrieb sowie die Bedeutung des Volumenmittelpunkts (VMP; dieser liegt in der Mitte des Hohlraums im Brustkorb) und des Körperschwerpunkts (KSP; ungefähr in Bauchnabelgegend vor der Wirbelsäule).

Das *spezifische Gewicht* (Gewicht geteilt durch Volumen) beträgt beim Menschen beim Einatmen ca. 0,97 und im ausgeatmeten Zustand ca. 1,05. Es bewegt sich also immer um das spezifische Gewicht des Was-

sers (Süßwasser 1,00) herum. Ist das spezifische Gewicht des Körpers geringer als 1, so schwimmt dieser. Demnach ist es in eingeatmetem Zustand unmöglich zu ertrinken.
Der statische Auftrieb wirkt auf den ruhenden Körper und hängt vom spezifischen Gewicht des Körpers ab. Die Auftriebskraft des Wassers wirkt an der Unterseite des Körpers; infolge dieser Kraft beträgt das Gewicht eines 70 kg schweren Menschen kaum 2 bis 3 kp (= Kilopond). Die Wirkung des statischen Auftriebs konzentriert sich im Volumenmittelpunkt und statischer Auftrieb ist veränderbar (1) durch Herausnehmen von Körperteilen aus dem Wasser; das Gewicht des Körpers nimmt zu – das verdrängte Volumen verringert sich, man taucht unter; (2) durch die Atmung und (3) durch Schwimmen im Meer (3 Prozent Salzgehalt) oder noch schwereren Flüssigkeiten (Totes Meer mit 20 Prozent Salzgehalt).

Merke
1. Je geringer das Gewicht des Körpers bei großem Volumen, desto größer ist der Auftrieb.
2. Ein in Wasser eingetauchter Körper verliert so viel an Gewicht, wie das von ihm verdrängte Wasser ausmacht. Deshalb erhöhen langsame Schwungphasen über Wasser das Gewicht des Körpers und verringern das Volumen des verdrängten Wassers. Der Körper liegt tiefer im Wasser.
Der *dynamische Auftrieb* wirkt auf einen sich vorwärts bewegenden Körper.
Die *Schwerkraft* wirkt dem Auftrieb entgegen, und zwar im KSP am stärksten. Sie wirkt von oben auf den Körper ein und versucht, ihn unterzutauchen. Da beide Punkte (KSP und VMP) bei horizontaler Körperlage hintereinander liegen, sinken die schweren, nicht mit Luft gefüllten unteren Gliedmaßen ab, während der lufthaltige Brustkorb den oberen Teil des Körpers aufrichtet. Deswegen besteht beim Tauchen immer die Schwierigkeit, den Kopf nach unten zu nehmen. VMP und KSP erzeugen also ein Drehmoment, und zwar so lange, bis beide Punkte übereinanderstehen. Man ‹steht› ohne Bodenkontakt im Wasser. Je enger allerdings beide Punkte beieinander liegen, desto kleiner ist das Drehmoment, und der Körper sinkt langsamer ab.
Der Abstand beider Punkte läßt sich verändern durch die Bauchatmung. Bei dieser Atmungsart vergrößert sich der Lungenhohlraum nach unten; dadurch verlagert sich der VMP zum KSP hin. Das Drehmoment wird kleiner; weniger Arbeitsaufwand der Beine ist notwendig, um in eine günstige Gleitbootlage zu kommen. Die geschwindigkeitshemmenden Widerstände verringern sich.
Zu 2: Die beim Schwimmen auftretenden *Widerstände* unterscheidet

man in Frontal- und Wirbelwiderstände sowie Hautreibung. Der Frontalwiderstand ist wesentlich abhängig von den Bewegungen der Arme und Beine sowie der Schwebewinkel. Das Anziehen der Oberschenkel bei der Stoßgrätsche im Brustschwimmen erzeugt zum Beispiel einen hohen Frontalwiderstand. Der Schwebewinkel ist der Winkel, der sich zwischen der Wasseroberfläche und der der Wasseroberfläche ausgerichteten Körperseite ergibt. Er kann beeinflußt werden durch (1) die Atmung, (2) den Beinschlag, (3) die Geschwindigkeit, (4) Schwimmen in Salzwasser usw. Ein günstiger Schwebewinkel verringert auch die Wirbelwiderstände auf der Rückseite des Körpers beim Brustschwimmen. Wirbelwiderstände bilden sich in bewegungsbedingten Hohlräumen sowie in stromlinienförmig ungünstigen Körperteilen. Sie halten den Körper zurück und bilden einen bedeutenden Bremsfaktor.

Ein eher psychisches Problem stellt die Hautreibung dar. Im Leistungsschwimmen wird durch Körperrasur versucht, Vorteile zu erzielen.

Zu 3: Der *Antrieb* – er bewirkt den Vortrieb – wird beim Schwimmen hervorgerufen durch den Widerstand, den Hände, Arme, Beine und Füße im Wasser beim Zurückdrücken erzeugen. Dabei gilt das Prinzip von Wirkung und Gegenwirkung (actio – reactio). Eine optimal ausgeführte Schwimmtechnik muß danach folgende Merkmale aufzeigen:

1. Die antreibenden Bewegungen über einen möglichst langen Weg mit möglichst großer Fläche führen;
2. diese antreibenden Bewegungen möglichst schnell durchführen. Die entgegengesetzten hemmenden Widerstandsbewegungen (beim Brustschwimmen zum Beispiel das Beugen der Beine) relativ langsam ausführen;
3. die antreibenden Bewegungen müssen möglichst gleichmäßig ohne Pause hintereinander erfolgen (Vergleich Kraul- zu Delphinarmzug);
4. eine Gleichmäßigkeit bei der Anwendung der Antriebskräfte. Aus diesem Grund ist das Kraulschwimmen immer schneller als jede andere Schwimmart, da diese Kräfte hier ununterbrochen wirken.

Zur Physiologie des Schwimmens

Schwimmen gilt als eine der gesundesten Sportarten überhaupt. Infolge der Auftriebskraft des Wassers reduziert sich nach FRANK (4) «das Gewicht eines Mannes von 70 kp auf dem Lande auf 6,6 kp – der über Wasser gehaltene Kopf wiegt davon ca. 4–5 kg – im Wasser». Damit entfällt ein erheblicher Teil der Stütz- und Haltearbeit der Wirbelsäule und Rückenmuskulatur. Die Muskulatur kann sich vollkommen entspannen, die Wirbelsäule wird entlastet. Dadurch entfallen natürlich auch krankheitsbedingte Beeinträchtigungen, die die Bewegungen auf dem Lande hemmen. So können auch Körperbehinderte unter Beachtung von Sicherheitsmaßnahmen das Schwimmen erlernen bzw. sich im Wasser frei bewegen.

Der Atmungsaufwand für eine Leistung ist im Wasser geringer als an Land. Da die Haut im Wasser geringer durchblutet wird – das Wasser kühlt, die Haut benötigt somit weniger Blut –, steht eine zusätzliche Blutmenge der arbeitenden Muskulatur zur Verfügung; die Pulsfrequenz wird dadurch im Wasser niedriger gehalten. Durch den hydrostatischen Druck, der von allen Seiten auf den im Wasser eingetauchten Körper einwirkt, ist ein vermehrtes Blutangebot in der rechten Herzkammer vorhanden, wodurch es im Brustkorb zu einem Überangebot an Hämoglobin (Sauerstoffbinder in den roten Blutkörperchen) kommt. Ein Kollaps ist bei regelmäßiger Ein- und Ausatmung deshalb im Wasser fast ausgeschlossen.

Die Verletzungsgefahr bzw. -anfälligkeit ist bei normalen Wassertemperaturen minimal. Im Freizeitsport kann es kaum zu Verletzungen kommen, selbst wenn die Bewegungen noch so falsch ausgeführt werden. Auch im Leistungssport treten Verletzungen höchstens dann auf, wenn man an Land (Trockentraining) oder im Wasser völlig falsch trainiert hat.

Häufig klagen Schwimmer über Schulterschmerzen. Diese können auftreten bei zu intensivem und umfangreichem Zugseiltraining oder durch plötzlich gesteigerte Trainingsqualität und -quantität. Die Knie sind beim Brustschwimmen durch das extreme Ausdrehen der Unterschenkel (Schwunggrätsche) am ehesten verletzungsanfällig. Auch eine fehlerhafte Bewegungsausführung kann zu einer Verletzung führen, jedoch nur beim hochfrequenten Brustschwimmen im Leistungssport. Die Technik muß dann ein wenig modifiziert werden.

Auch ein offenes Trommelfell muß nicht am Schwimmen hindern; nur sollte das Tauchen vermieden und unbedingt ein Arzt befragt werden.

Des öfteren liest man von Überbeanspruchungen durch das Training, in dem täglich 5 bis 6 Stunden Belastung leider keine Seltenheit sind. Solch ein Trainingsumfang kann nur von Schwimmern geleistet werden, die bereits ein langjähriges Training (über 10 Jahre) hinter sich haben. Überbelastungen treten nur dann auf, wenn nicht entwicklungsgemäß und nicht systematisch trainiert wird (etwa durch fehlende Erholung bei fortwährender Höchstbelastung). Maßlos übertriebenes Training (zu schnelles Steigern der Anforderungen), ein Übermaß an Wettkämpfen mit maximaler Belastung oder hohe Beanspruchungen außerhalb des Trainings – Alkohol, Nikotin, berufliche oder schulische Belastungen, Nachwirkungen von Krankheiten u. a. – führen ebenfalls zu Überbeanspruchungen. Nach krankheitsbedingten Ausfällen wird häufig zu früh das Training wiederaufgenommen. Leistungseinbrüche oder spätere Überanfälligkeit sind die Folge.

Solange die Wassertemperatur unter der Körpertemperatur liegt – und dieses ist fast immer der Fall –, wirkt das Wasser kühlend auf den Körper. Allerdings haben Kinder ein noch relativ schwach entwickeltes Unterhautfettgewebe, so daß sie leicht frieren. Dieses Faktum sollte sowohl beim Baden als auch beim Trainieren berücksichtigt werden. Die horizontale Lage gewährleistet außerdem eine vorteilhafte Blutverteilung über den ganzen Körper. Das alles sind Gründe dafür, daß ein Schwimmer nach maximalen Belastungen so schnell wieder erholt ist, daß er mehrere Wettkämpfe während einer Veranstaltung schwimmen kann. Verläßt man jedoch nach extremen Belastungen sofort das Wasser, so kann es zu einem Kollaps – auch durch ungenügende Ein- und Ausatmung – kommen; denn die wichtige Kühlfunktion des Wassers kann nicht mehr wirken.

Beim Schwimmen gibt es im Vergleich zu anderen Sportarten relativ geringe alters- und geschlechtsspezifische Unterschiede. Die horizontale Lage, die Kühlfunktion des Wassers, die Auftriebskraft des Wassers, die Elastizität der Muskeln, das verhältnismäßig geringe Gewicht der Muskeln im Vergleich zum Körpergewicht mit dadurch bedingter hoher Wasserlage, der hydrostatische Druck, das günstige spezifische Gewicht von Kindern im Gegensatz zu Erwachsenen, das erhöhte Schlagvolumen des Herzens im Vergleich zu Erwachsenen sind Gründe für die geringen altersspezifischen Unterschiede. Schwimmen ist eine Ausdauersportart, in der es keiner plötzlichen großen Kraftanstrengungen bedarf, was sich leistungsbegünstigend auswirkt.

Die geschlechtsspezifischen Unterschiede sind im Leistungssport recht bedeutend. 14 Jahre alte Mädchen schwimmen im Gegensatz zu ihren gleichaltrigen männlichen Kollegen Weltrekorde. Die Gründe sind u. a.:

1. ein geringeres spezifisches Gewicht des weiblichen Körpers gegenüber dem männlichen;
2. die maximale Sauerstoffaufnahme ist bei Jungen um das 20. Lebensjahr, bei Mädchen jedoch zwischen dem 14. bis 15. Lebensjahr

erreicht;
3. der Prozentsatz an Körperfett ist größer als bei Jungen; dadurch
   kommt es zu einem geringen Wärmeverlust, und es muß weniger
   Energie für eine notwendige Leistung erbracht werden;
4. bei Mädchen liegen vom 12. Lebensjahr an besonders gute Voraussetzungen für ein Ausdauertraining vor – bei Jungen vom 14. Lebensjahr an.

Das Leistungsvermögen Jugendlicher gegenüber Erwachsenen ist von
den genannten Bedingungen her höher zu beurteilen. Mädchen erreichen aufgrund der genannten Unterschiede früh ihre absolute Höchst-
leistung.

Wo lernt man Schwimmen?

In den meisten Schwimmvereinen oder Schwimmabteilungen kann man das Schwimmen erlernen; auch von der Verwaltung vieler Schwimmbäder werden Schwimmkurse angeboten. Die Deutsche Lebens-Rettungs-Gesellschaft (DLRG) bzw. die Wasserwacht des Deutschen Roten Kreuzes sind ebenfalls auf diesem Gebiet tätig. In vielen Städten existieren bereits Privatschwimmschulen. Selbst in der Reisebeilage und im Anzeigenteil von Tageszeitungen bieten Hotels oder Touristikunternehmen Schwimmkurse für den Urlaub an. Auskünfte erteilen ferner die Sportämter der Städte.

Seit Januar 1978 gelten nach Vereinbarungen verschiedener Verbände einheitliche Richtlinien bezüglich Schwimmprüfungen und Schwimmabzeichen. Diese neuen Vereinbarungen sollen die Förderung einer allgemeinen Grundausbildung im Schwimmen und der Selbstrettung besonders hervorheben. Man gliedert die neuen Richtlinien wie folgt:

1. Frühschwimmer
2. Deutscher Jugendschwimmpaß
3. Deutscher Schwimmpaß

Das Frühschwimmerabzeichen – auch Seepferdchen genannt – ist die erste wichtige Stufe im Lernprozeß. Es ist jedoch zu beachten, daß nur Kinder bis zum 10. Lebensjahr dieses Abzeichen erwerben können.

Im Deutschen Jugendschwimmpaß sind die Prüfungen für Jugendliche zusammengefaßt. Dieser Schwimmpaß gliedert sich in:

Deutsches Jugendschwimmabzeichen in Bronze – Silber – Gold.

Das bronzene Abzeichen entspricht dem «Freischwimmer» und kann durch folgende Leistungen erworben werden:

- Sprung vom Beckenrand und 200 m Schwimmen in höchstens 8 Minuten oder 15 Minuten Dauerschwimmen
- einmal circa 2 m Tieftauchen von der Wasseroberfläche mit Heraufholen eines Gegenstands
- Sprung aus 1 m Höhe oder Startsprung
- Kenntnis der Baderegeln

Die Leistungen für das silberne und goldene Abzeichen sind ein wenig angehoben; es ist noch zu beachten, daß das goldene Abzeichen erst mit dem 10. Lebensjahr abgelegt werden kann.

Im Deutschen Schwimmpaß – frühestens erwerbbar mit 18 Jahren – erfolgte ebenfalls eine Dreiteilung:

Deutsches Schwimmabzeichen in Bronze – Silber – Gold.

Das Schwimmabzeichen in Bronze entspricht dem «Freischwimmer» (hier für Erwachsene). Dieser Schwimmpaß sieht im besonderen je nach Alter verschiedene Erleichterungen für Erwachsene vor. Das silberne Abzeichen erfordert zum Beispiel folgende Leistungen:

- Sprung vom Beckenrand und 400 m Schwimmen in höchstens 12 Minuten
- zweimal circa 2 m Tieftauchen von der Wasseroberfläche mit Heraufholen je eines Gegenstands
- 10 m Streckentauchen
- zwei Sprünge vom Beckenrand: je ein Sprung kopf- und fußwärts
- Kenntnis von Baderegeln und Selbstrettung

Außerhalb der drei angesprochenen Schwimmpässe bietet der DSV den Deutschen Leistungsschwimmpaß – aufgegliedert in «Hai», Silber und Gold – an. In diesem Paß sind Leistungen aus dem Schwimmen, Wasserspringen und Wasserball zusammengefaßt.

Der Deutsche Rettungsschwimmpaß der DLRG – mit dem Rettungsabzeichen in Bronze, Silber und Gold – enthält besondere Maßnahmen zur Rettung anderer Menschen.

Wissenswertes über Schwimmkurse   Stand: Juli 1976

Institution	Kurs-gebühr in DM	Mitglieds-beitrag	Teilnehmer-zahl pro Kurs	Dauer des Kurses	
				Std. pro Woche	Gesamt-stunden
Schwimmvereine oder Schwimm-abteilungen	0– 50	ja	2–15	1–4	bis zum Erfolg
DLRG und Wasserwacht		ja	10–17	1–3	10–15
Versehrtensport-vereine		ja		1–2	bis zum Erfolg
Kurse der städt. Bäder	20–80 + Eintritts-geld	nein	8–15	1–4	10–20
Ferien- oder Urlaubs-Schwimmkurse	Preis-vergleich!!	nein	1–15	1 bis 2x täglich	10–20 mit oft erwähnter Erfolgs-garantie
Privatschwimm-kurs Einzelunterricht	35– 50 pro Stunde	nein	1	nach Vereinbarung	
Privatschwimm-kurs, Gruppen-unterricht	80–350	nein	2–10	1–5	10 und mehr
Schule	0	nein	15–42	1–2	ca. 30

Regelkunde

Die Wettkampfbestimmungen sind in einem Regelwerk (FINA-Regeln und DSV-Paragraphen u. a.) zusammengefaßt. Es werden hier nur die wichtigsten Bestimmungen erläutert, und zwar zu den Schwimmarten und zu den Vorbedingungen für eine Wettkampfteilnahme. Ferner wird eine Zusammenstellung von Wettkampfstrecken und -disziplinen gegeben.

Der Besitz eines Regelwerkes ist für Trainer und Lehrer unerläßlich.

Die Bestimmungen für die Schwimmarten sind in den FINA-Regeln «Schwimmen» 65 bis 68 zusammengefaßt.

Beim Brustschwimmen (*Regel 65*) muß sich der Körper vollständig in Bauchlage befinden. Die Schultern müssen horizontal zur Wasseroberfläche liegen. Die Bewegungen der Beine und Arme müssen gleichzeitig und in der gleichen horizontalen Ebene ausgeführt werden. Auf- und Abbewegungen sind dabei nicht erlaubt. Die Hände gelangen unter Wasser nach vorn zur Streckung. Die Füße müssen beim Beinschlag bei der Rückwärtsbewegung auswärts gedreht sein. Delphinbeinschläge sind nicht erlaubt. Tauchen beim Brustschwimmen ist verboten; deshalb muß sich ein Teil des Kopfes ständig über der Wasserlinie befinden – außer nach Start und Wende; dort ist ein Tauchzug erlaubt.

Beim Butterflyschwimmen (*Regel 66*) müssen beide Arme gleichzeitig über Wasser nach vorn geschwungen werden und unter Wasser gleich-

zeitig nach hinten ziehen. Der Körper muß vollständig in Bauchlage gehalten sein. Alle Bewegungen der Füße sind gleichzeitig auszuführen. Beim Start und bei den Wenden ist es erlaubt, einen oder mehrere Beinschläge und einen Armzug, der den Schwimmer an die Wasseroberfläche bringt, unter Wasser zu machen. Diese Regeln gelten ausschließlich für das Butterflyschwimmen. Nach den Bestimmungen des

DSV ist der Brustbeinschlag zum Delphinarmzug nicht erlaubt; man nennt diese Art des Schwimmens «Schmetterlingsschwimmen».
Bei Wettkämpfen nach DSV-Bestimmungen heißt es zum Delphin-schwimmen, daß der Schwimmer beide Beine gleichzeitig auf- und abbewegen muß. Die Arme dürfen nicht während mehrerer Beinschlä-ge vor dem Körper liegen bleiben.
Beim Brust- und Delphinschwimmen muß der Anschlag an den Wen-den und am Ziel so erfolgen, daß dieser mit horizontal liegenden Schultern gleichzeitig und in gleicher Höhe ausgeführt wird.
Die Rückenlage darf beim Rückenschwimmen (*Regel 67*) so lange nicht verlassen werden, bis die Wende oder der Zielanschlag mit dem Kopf, einer Hand oder einem Arm berührt ist. Arme und Beine sind wechselseitig zu bewegen. Der Start erfolgt vom Wasser aus mit dem Rücken zur Schwimmrichtung. Die Zehen müssen dabei unter der Wasseroberfläche sein. Es ist nicht erlaubt, die Füße in die Überlaufrin-ne zu stellen. Mit dem Startzeichen dürfen die Hände vom Haltepunkt gelöst werden.
Man darf in einem mit Freistilschwimmen (*Regel 68*) bezeichneten Wettkampf jede Schwimmart schwimmen, außer beim Lagenschwim-men und bei der Lagenstaffel. Hier ist die letzte Schwimmart das Kraulschwimmen. Der Körper liegt beim Kraulschwimmen in Bauchla-ge. Die Arme ziehen wechselseitig unter Wasser und schwingen über Wasser nach vorn. Die Beine schlagen wechselseitig auf und ab.
Beim Freistil- und Kraulschwimmen kann der Schwimmer die Wand mit jedem beliebigen Teil seines Körpers berühren. Ein Anschlag mit der Hand beim Wenden und beim Zielanschlag ist nicht vorge-schrieben.
Beim Lagenschwimmen sind die Schwimmarten in folgender Reihen-folge festgelegt: Delphin-, Rücken-, Brust- und Kraulschwimmen. In der Lagenstaffel ist die Reihenfolge: Rücken-, Brust-, Delphin- und Kraulschwimmen.
Welche Voraussetzungen sind zu erfüllen, um an einem Wettkampf teilzunehmen? – Nach § 11,1 haben alle Mitglieder der Vereine/Start-gemeinschaften, die über einen Landesschwimmverband dem Deut-schen Schwimm-Verband angeschlossen sind, ein Startrecht; jedoch müssen sie Amateure gemäß FINA-Regel 49 sein. Ein Wechsel des Startrechts ist frühestens zum 1. 6. und 1. 11. jeden Jahres möglich. Sind oder waren Schüler nicht Mitglied in einem Schwimmverein oder einer Schwimmabteilung, so können sie von ihrer Schule zu Einzelwettbe-werben bei Veranstaltungen auf Stadt-, Kreis- und Bezirksebene ge-meldet werden. Doch es ist zu berücksichtigen, daß Kinder, Schüler und Jugendliche an Wettkämpfen nur teilnehmen können, wenn das Attest einer sportärztlichen Untersuchung vorliegt. Diese Untersuchung darf

nicht länger als 12 Monate zurückliegen und muß uneingeschränkt Training und Wettkämpfe erlauben (§ 19,1 Jugenschutzbestimmungen). Liegt die Wassertemperatur unter 18°C, so haben Jugendliche das Recht, vom Wettkampf zurückzutreten.

Die Paragraphen 102 und 103 geben Auskunft über die Alterseinteilung in Jugend- und Seniorenaltersklassen. Die Jugendklasse ist eingeteilt von Jugend A bis E (17 bis 9 Jahre und jünger). 18- und 19jährige zählen zur Juniorenklasse. Das Seniorenschwimmen ist in Altersklassen eingeteilt (von 1 bis 9). Es beginnt mit dem 25. Lebensjahr, wobei der 1. Januar des Jahres, in dem der Schwimmer sein 25. Lebensjahr vollendet, der Stichtag ist. Die weiteren Abstufungen erfolgen in fünfjährigem Rhythmus.

Jeder Wettkampf ist im offiziellen Amtsblatt des DSV oder in den Mitteilungsheften der Landessportverbände mit Wettkampfbeginn, Wettkampfreihenfolge, Schwimmstrecken, den zu entrichtenden Gebühren usw. ausgeschrieben. Anhand dieser Veröffentlichung kann man durch den Verein oder die Schule bis zum festgesetzten Termin zum Wettkampf melden. Hierfür ist ein sogenanntes Meldegeld zu bezahlen, welches in der Regel vom Verein übernommen wird. Häufig ist das Erreichen einer Pflichtzeit Voraussetzung für die Meldemöglichkeit. Wird im Wettkampf die vom Veranstalter geforderte Leistung nicht erbracht, muß man ein Reuegeld (§ 108) bezahlen.

Auf Kreis-, Bezirks-, Landes-, Regional- und Bundesebene finden Meisterschaften statt. Kinder und Jugendliche können bis zum 19. Lebensjahr an Jahrgangsmeisterschaften auf allen Ebenen teilnehmen. Internationale Meisterschaften sind die Europa- und Jugendeuropameisterschaften, der Europacup sowie die Weltmeisterschaften. Das Schwimmen zählt außerdem zum Programm der Olympischen Spiele. International anerkannte Rekorde zählen nur auf 50-m-Schwimmbahnen.

Folgende Wettkampfstrecken und Disziplinen gehören zu einem Standardprogramm:

1. Einzelwettbewerbe

in Meter	Del-phin	Rük-ken	Brust	Frei-stil	Lagen	
100	x	x	x	x	–	ml wbl.
200	x	x	x	x	x	ml wbl.
400	–	–	–	x	x	ml wbl.
800	–	–	–	x	–	– wbl.
1500	–	–	–	x	–	ml –

2. Staffelwettbewerbe (u. a.)

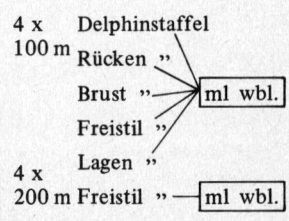

4 x   Delphinstaffel
100 m Rücken „
       Brust   „   ml wbl.
       Freistil „

4 x   Lagen „
200 m Freistil „   ml wbl.

Besondere Mannschaftswettbewerbe sind:
- Die Deutschen Mannschaftsmeisterschaften. Die Einteilung erfolgt in Bundes-, Regional-, Landes-, Bezirksliga und nach Bedarf in andere Ligen. Es finden dazu in der Wintersaison zwei Wettkampfveranstaltungen statt. Der zweite Wettkampf, der sogenannte Endkampf, entscheidet über Sieg, Aufstieg, Abstieg oder Verbleib in einer der Ligen. Die erreichten Zeiten werden anhand einer Tabelle in Punkte umgerechnet und zu einer Endsumme zusammengezählt. Reihenfolge, Anzahl der Wettkämpfe, Starthäufigkeit des einzelnen sowie weitere besondere Modifizierungen sind im § 112 festgelegt.
- Die Deutsche Mannschaftsmeisterschaft der Jugend- und Juniorenklassen besteht aus Staffelwettbewerben. Es werden jeweils eine Freistil-, Brust-, Rücken-, Delphin- und Lagenstaffel geschwommen. Es sind immer zwei Jahrgänge in einer Altersklasse zusammengefaßt. Die Addition der Endzeiten entscheidet über die Plazierung. Die nach Vorkämpfen ermittelten sechs besten Mannschaften bestreiten den Endkampf, wo der Sieger und die Plazierten ermittelt werden.

Zur Geschichte des Schwimmens

4000 v. Chr.: Felsmalerei aus vorägyptischer Zeit zeigt Schwimmer mit wechselschlagähnlichen Bewegungen

3000 v. Chr.: altägyptische Hieroglyphe für den Begriff Schwimmen

Griechen: die Colymbethra (Schwimmteich) ist wichtiger Bestandteil der Gymnasien; es finden erste Wettkämpfe statt. Aus dieser Epoche stammt der Satz: «Er kann weder schwimmen noch lesen»

Römer: bauten um die Zeitwende beheizte Schwimmbäder (Thermen); diese waren bis zu 70 m lang.

Germanen: Schwimmen diente zur Jagd und kriegerischen Auseinandersetzung; auch als Körperertüchtigung sowie wettkampfmäßig betrieben (Langstreckenschwimmen – 5 Tage und 5 Nächte, Tauchen, Schwimmen in voller Rüstung, Transportschwimmen, Ringen im Wasser)

Mittelalter: Verfall der Schwimmkunst durch Unmoral und Sittenlosigkeit in den Badehäusern; Schwimmen zählte zu den 7 Behendigkeiten bei Ritterspielen

1538: Nicolaus Wynmann schreibt ein erstes Schwimmbuch: «Colymbetes» (Der Schwimmer oder die Schwimmkunst); Schwimmen ist darin gleichbedeutend mit dem Erretten vor Ertrinken

1774: Einführung des Schulschwimmens durch Basedow im Philantropium zu Dessau; in Frankfurt/M. wird die erste öffentliche Badeanstalt gegründet

1797: Der Italiener Oronzio de Bernardi erkennt die Auftriebskraft des menschlichen Körpers (in dem Buch «homo galiante»)

1798: GutsMuths schreibt das «Kleine Lehrbuch der Schwimmkunst zum Selbstunterricht»; er stellt als erster eine Anfängermethodik auf: 1. Wassergewöhnung, 2. Trockenübungen, 3. Schwimmübungen im Wasser

1837: der 1. deutsche Schwimmverein wird in Berlin gegründet

1866: der preußische General Ernst von Pfuel entwickelt Trockenschwimmübungen nach Zählzeiten

1886: der Deutsche Schwimm-Verband (DSV) wird gegründet

1896: Schwimmen wird in das olympische Programm aufgenommen

1908: der Weltschwimmverband, die FINA – Fédération Internationale de Natation Amateur –, konstituiert sich

1912: Frauen dürfen im Schwimmen an den Olympischen Spielen teilnehmen

1913: Gründung der Deutschen Lebens-Rettungs-Gesellschaft (DLRG)

1927: die nationalen europäischen Schwimmverbände schließen sich

zur «Ligue Européene de Natation» (LEN) zusammen
1925: Kurt Wiesner erkennt als erster die Bedeutung der Atemtechnik («Schwimmen ist atmen im Wasser»); er empfiehlt eine vielseitige Wassergewöhnung
1954: anläßlich der Europameisterschaften im Schwimmen finden erstmals Brust- und Schmetterlingsschwimmen in getrennten Wettkämpfen statt
1973: die 1. Weltmeisterschaften im Schwimmen werden in Belgrad ausgetragen

Über die Verfasser

Werner Freitag, Jahrgang 1946, studierte Sport und Wirtschaftspäd-
agogik und ist seit 1970 als Lehrer an der Johannes Gutenberg-Univer-
sität Mainz im Fachbereich Leibeserziehung tätig. Schwerpunktfächer
sind Theorie und Praxis des Schwimmens sowie die methodisch didakti-
sche Ausbildung von Sportstudenten im Schwimmsport.
Seine sportliche Laufbahn begann 1957 beim ATS Bremerhaven. Erste
internationale Erfahrungen sammelte er 1961 in Straßburg. Nach mehreren Länderkampfeinsätzen im Rückenschwimmen wurde er 1962
erstmals Deutscher Meister über 100 m Delphinschwimmen. 1965
gehörte er der 4 × 110-Yards-Freistilstaffel an, die im Londoner Cristal
Palace Weltrekord schwamm. In Tokio (1964) und Mexiko (1968) war
er Mitglied der deutschen Olympiamannschaft. – Insgesamt schwamm
Werner Freitag 25 nationale Rekorde, errang mehrere deutsche Ein-
zelmeisterschaften und stellte mit der Nationalmannschaft einen Euro-
pa- und Weltrekord auf.

Karl-Heinz Findeisen, Jahrgang 1947, ist Diplomsportlehrer und
-pädagoge. Nach dem Sportstudium ist er heute als wissenschaftlicher
Mitarbeiter im Fachbereich Leibeserziehung für die Fächer Schwimmen, Rettungslehre, Wasserspringen und Skilauf der Universität Mainz
tätig. Er verfaßte die Kapitel ‹Anfängerschwimmen› und ‹Kleinkinderschwimmen›.

Literaturhinweise

1. ANDREAS, P.: Schwimmen – Lernen, Trainieren, Kämpfen. 7. Aufl., Frankfurt/M. 1971.
2. BAUERMEISTER, H.: In der Badewanne fängt es an. 2. Aufl., München 1972.
3. BRAECKLEIN, H.: Methodische Übungsreihe im Schwimmen. 3. Aufl., Schorndorf 1973.
4. BRESGES, L.: Schwimmen im 1.+2. Lebensjahr, München 1973.
5. BROCKMANN, P.: Schwimmschule – Arbeitshilfen für den Schwimmunterricht. 3. Aufl., Frankfurt/M. 1972.
6. BRUNNER/KNEBEL/WIRTH: Das Trockentraining des Schwimmers. Berlin 1970.
7. COUNSILMAN, J.: Schwimmen. 2. Aufl., Frankfurt/M. 1972.
8. DLRG: Schwimmen und Retten, Lehrbuch der DLRG Best. Nr. 77, DLRG Präsidium 43 Essen.
9. DSV: Wettkampfbestimmungen (WB). München, Ausgabe 1976.
10. FORSTREUTER, H.: Gymnastik, Körperschule ohne Gerät. 27. Aufl., Frankfurt/M. 1972.
11. FRANK, R.: Die Atemtechnik des Schwimmens. München 1968.
12. GAMBRIL, D.: Sportschwimmen – Technik und Training. 2. Aufl., München 1971.
13. HARRE, D.: Trainingslehre. Berlin 1969.
14. HEINRICH, W.: Spielerische Wassergewöhnung. Schorndorf 1970.
15. HELLMICH, H.: Schwimmen im 3.+4. Lebensjahr. München 1974.
16. HETZ, G.: Schwimmen lernen – schnell und sicher. München 1974.
17. HOLLMANN, N./HETTINGER, TH. Sportmedizin – Arbeits- und Trainingsgrundlage. Stuttgart/New York 1976.
18. KRODEL, E.: Schwimmfibel. 2. Aufl., Bonn 1972.
19. LEWIN, G.: Schwimmen mit kleinen Leuten. 2. Aufl., Berlin 1972.
20. LEWIN, G.: Schwimmsport. 4. Aufl., Berlin 1972.
21. LINGENAU, W. G.: Leitfaden für Übungsleiter und Trainer. Westdeutscher Schwimmverband 1970.
22. MIELKE, W.: Schwimmlernen – erproben und üben. 4. Aufl., Schorndorf 1971.
23. NEMESSURI, M.: Funktionelle Sportanatomie. Berlin 1963.
24. PERLACH, M.: Mehr Spaß beim Schwimmen + Tauchen. München 1975.
25. SCHÜTTE, D.: Methodik des Schulschwimmens. 2. Aufl., Kiel 1970.
26. STICHERT, K.-H.: Sportschwimmen (Schülersport). Berlin 1973.
27. THIEMEL, F.: Arbeitsprogramme zur Konditionsschulung in Schule und Verein. Frankfurt/M. 1972.
28. URBAINSKY, N.: Methodik des Schwimmunterrichts. Celle 1973.

29. WAEGNER, N.: Kinderschwimmschule. Stuttgart 1972.
30. WILKE, K./FASTRICH, E.: Das Kraulschwimmen. Frankfurt/M. 1972.
31. WILKE K./DANIEL, K./VÖLKER, K.: Das Brustschwimmen. Frankfurt/M. 1975. (= Sport in der Primarstufe).
32. Der Deutsche Schwimmsport. Berlin (wöchentlich erscheinende Fachzeitschrift).

Abkürzungen zur Tabelle:

A   = Anfängerschwimmen
KKS = Kleinkinderschwimmen
M   = Methodik
T   = Technik der Schwimmarten
TL   = Trainingslehre
(x) = Schwerpunkttitel

	1	2	3	4	5	6	7	8	9	10	11	12	13	14	15
A	x													x	x
KKS		(x)	x											x	x
M			x		x										
T	x							(x)						x	
TL	x					(x)	(x)			(x)	x	x	(x)		

(Spalten 8/9: Rettungsschwimmen / Wettkampfbest.)

	16	17	18	19	20	21	22	23	24	25	26	27	28	29	30	31
A	(x)		x	(x)			x		x							
KKS			x										x			
M			(x)			x			x	(x)		(x)			(x)	(x)
T																
TL		(x)			(x)	(x)		x	x			x				

Quellennachweis

1. BRUNNER/KNEBEL/WIRTH: Trockentraining des Schwimmers.
   1.: S. 9–11
   2.: S. 10
   3.: S. 27
2. COUNSILMAN, J.: Schwimmen.
   1.: S. 161
   2.: S. 217–218
3. FINDEISEN, K.-H.: Lernzeit und Lernalter, Mainz 1976 (unveröffentlichte empirische Untersuchung).
4. FRANK, R.: Die Atemtechnik des Schwimmers, S. 11
5. GELZENLEUCHTER, M.: Verbale und visuelle Information im motorischen Lernprozeß, aufgezeigt am Beispiel des Delphinschwimmens, Mainz 1973 (Diplomarbeit).
6. HARRE, D.: Trainingslehre, S. 131
7. LETZELTER, M.: Zur Systematisierung des Komplexes Trockentraining (unveröffentlichtes Manuskript), S. 4
8. LEWIN, G.: Schwimmsport, S. 132
9. LINGENAU, G. W.: Leitfaden für den Übungsleiter.
   1.: S. 57–58
   2.: S. 61
10. MÖCKELMANN, H.: Leibeserziehung und jugendliche Entwicklung,
    6. Aufl., Schorndorf 1967, S. 87
11. NEMESSURI, M.: Funktionelle Sportanatomie, S. 322–339
12. SATORI, J.: 1.: Die Anwendung der verschiedenen Varianten der
    Intervallmethode in der perspektivischen Trainingsplanung. – In:
    «Der Deutsche Schwimmsport». Beilage «für die Mappe des Technikers», 7. Folge, S. 2
    2.: Beobachtungen bei den II. Weltmeisterschaften im Schwimmen
    in Cali 1975. – In: «Leistungssport» 3 (1976), S. 210–218

Sachregister

rororo Sportbücher

sachbuch

Beissner, Claus / Birod, Manfred
Judo
Training, Technik, Taktik (7012 / DM 8,80)

Blödorn, Manfred
Sportabzeichen
Training, Technik, Taktik (7019 / DM 6,80)
Ersch.-Termin unbest.

Blödorn, Manfred / Schmidt, Paul
Trablaufen
Ein Ausdauersport für Herz und Kreislauf.
Training, Technik, Taktik (7007 / DM 6,80)

Blume, Günter
Volleyball
Training, Technik, Taktik (7011 / DM 7,80)

Bohlens, Klaas
Tennis
Training, Technik, Taktik (7006 / DM 6,80)

Bohlens, Klaas / Hamann, Rainer
Tenniskurs
Training, Technik, Taktik (7022 / DM 7,80)

Brehm, Walter
**Skifahren für Kinder
und Jugendliche**
Training, Technik, Taktik (7026 / DM 7,80)
Dezember 78
Skigymnastik
Training, Technik, Taktik (7014 / DM 6,80)
Skisport
Training, Technik, Taktik (7001 / DM 7,80)

Brunner, Inge
Jazztanz
Training, Technik, Taktik (7025 / DM 6,80)
November 78

Freitag, Werner
Schwimmen
Training, Technik, Taktik (7003 / DM 7,80)

Friedrich, Eduard / Nilsson, Manfred
Gerätturnen 1: Grundlagen
Training, Technik, Taktik (7028 / DM 9,80)
Februar 79
Gerätturnen 2: Wettkampf
Training, Technik, Taktik (7029 / DM 8,80)
März 79

Gebhardt, Eugen / Holzwarth,
Walter / Nohe, Hans-Josef / Wagner,
Wolfgang / Stanciu, Ulrich
**Trickskifahren für Anfänger und
Fortgeschrittene**
Training, Technik, Taktik (7027 / DM 6,80)
Januar 79

Hanstein, Fritz Huschke von
Automobilsport
Training, Technik, Taktik (7015 / DM 7,80)

Harst, Heinz / Giesecke, Hans /
Schlaf, Jupp
Tischtennis
Training, Technik, Taktik (7013 / DM 6,80)

Ihle, Siegfried
Sportfischen
Training, Technik, Taktik (7017 / DM 7,80)

Jonath / Haag / Krempel
**Leichtathletik 1
Laufen und Springen**
Training, Technik, Taktik (7008 / DM 9,80)

**Leichtathletik 2
Werfen und Mehrkampf**
Training, Technik, Taktik (7009 / DM 8,80)

Kauth, Hans Georg
Fahrtensegeln
Training, Technik, Taktik (7021 / DM 9,80)

Letzelter, Manfred
Trainingsgrundlagen
Training, Technik, Taktik (7024 / DM 7,80)

Obstoj, Horst / Knap, Karel /
Suchotzki, Hans-Georg
Kajak und Canadier
Training, Technik, Taktik (7018 / DM 7,80)

Schlichting, Horst
Segeln
Training, Technik, Taktik (7005 / DM 7,80)

Schröder, Walter
Rudern
Training, Technik, Taktik (7010 / DM 7,80)

Schulz, Erhard
Tauchen und Schnorcheln
Training, Technik, Taktik (7020 / DM 7,80)

Schumann, Walter
Sportschießen
Training, Technik, Taktik (7016 / DM 7,80)
April 79

Trosse, Hans-Dieter
Handball
Training, Technik, Taktik (7004 / DM 7,80)

Vorderwülbecke, Manfred
Skilanglauf
Training, Technik, Taktik (7002 / DM 6,80)

Waldowski, Lothar
Basketball
Training, Technik, Taktik (7023 / DM 8,80)

1977 erschienen

rororo
Sportbücher
Training · Technik · Taktik

Mehr Spaß am Sport mit Programmen von Profis und Kniffs von Könnern

1978 erscheinen

Rudern
Training
Technik
Taktik

Walter Schröder

Sportfischen
Training
Technik
Taktik

Siegfried Ihle

Kajak und Canadier
Training
Technik
Taktik

Obstoj/Knap/Suchotzki

Jazztanz
Training
Technik
Taktik

Inge Brunner

Skigymnastik
Training
Technik
Taktik

Walter Brehm

Automobilsport
Training
Technik
Taktik

Fritz Huschke von Hanstein

Tenniskurs
Training
Technik
Taktik

Klaas Bohlens
Rainer Hamann

Basketball
Training
Technik
Taktik

Lothar Waldowski

Tauchen und Schnorcheln
Training
Technik
Taktik

Erhard Schulz

Trainingsgrundlagen
Training
Technik
Taktik

Manfred Letzelter

Fahrtensegeln
Training
Technik
Taktik

Hans Georg Kauth

Skifahren
für Kinder und Jugendliche
Training
Technik
Taktik

Walter Brehm

Sportbücher: Training,
Technik, Taktik. Mehr Spaß am Sport mit Pro-
grammen von Profis und Kniffs von Könnern. Die
rororo Sportbücher werden von Profis für Amateure
geschrieben.

sachbuch rororo

Die Autoren sind:

Sportwissenschaftler und Dozenten,

Trainer und Sportlehrer,

Fachjournalisten und -referenten.

903/3 – 1978 a

DIE FARBIGEN LIFE BILDSACHBÜCHER

Wunder der Natur
23 Bände

Diese großzügig farbig bebilderten Bände informieren umfassend über Pflanzen und Tiere, Regionen, Landschaften und Lebensräume unserer Erde. Fesselnd und verständlich werden Entstehungsgeschichte der Kontinente, Entwicklungsgeschichte der Pflanzen- und Tierwelt und ihre heutigen Lebensräume geschildert. Mit Einführungen von namhaften Wissenschaftlern aus aller Welt.